中国当代流通硬币图鉴

Illustration of Chinese Contemporary Circulation Coins

主编　钱玉春

中国金融出版社

责任编辑：黄海清
责任校对：刘　明
责任印制：裴　刚

图书在版编目（CIP）数据

中国当代流通硬币图鉴/钱玉春主编. —北京：中国金融出版社，2020. 4
ISBN 978 – 7 – 5220 – 0427 – 3

Ⅰ. ①中…　Ⅱ. ①钱…　Ⅲ. ①金属货币 — 中国 — 现代 — 图集
Ⅳ. ①F822. 9–64

中国版本图书馆CIP数据核字（2020）第 004533 号

中国当代流通硬币图鉴
Zhongguo Dangdai Liutong Yingbi Tujian
出版
发行　中国金融出版社
社址　北京市丰台区益泽路2号
市场开发部　（010）66024766，63805472，63439533（传真）
网 上 书 店　http：//www.chinafph.com
（010）66024766，63372837（传真）
读者服务部　（010）66070833，62568380
邮编　100071
经销　新华书店
印刷　天津银博印刷集团有限公司
尺寸　210毫米 × 280毫米
印张　11
字数　100千
版次　2020年4月第1版
印次　2020年4月第1次印刷
定价　96.00元
ISBN 978 – 7 – 5220 – 0427 – 3

雪融花开
共盼春来

庚子桃月

主　　编：钱玉春
副 主 编：田晓华　束婷婷　闫　鸣
顾　　问：蔡小丽　张宏明
编　　委：宋　磊　龚德才　秦　颖　程　红
韩国勋　余海洋　金　平
撰　　稿：田晓华　徐凤芹
摄　　影：钱玉春
钱币提供：田晓华　张卫东　宋学锋

序　言

硬币，包括流通硬币和纪念币，是我国法定货币人民币的重要组成部分。新中国成立后不久，中国人民银行就着手筹划首套流通硬币的设计与制造，并于1957年正式发行，至今已经发行了四套流通硬币。改革开放以后，为庆祝中华人民共和国成立35周年，中国人民银行开始铸造流通纪念币，至2019年底已发行86套114枚。这些金属流通硬币和流通纪念币组成了中国当代流通硬币的两大板块，吸引了大批钱币爱好者收藏与研究。

近年来，随着钱币爱好者研究的不断深入，在中国当代流通硬币的版别、发行量等方面的研究都取得了可喜的成果，并陆续有多部研究中国当代流通硬币的专著出版。这些书籍的问世，推动了我国当代流通硬币研究领域的发展，激发了更多钱币爱好者的兴趣，越来越多的钱币收藏爱好者投身其中，他们迫切需要对中国当代流通硬币有更简明、更直接的感性认识，而清晰饱满、完全展现钱币细节的图片就是钱币爱好者的基本需求。

目前，赝品已经渗透到收藏界的各个领域，钱币收藏领域也不例外。面对不小心“打眼”购买的假币，很多爱好者既愤慨又无奈。他们很希望通过完全展现钱币原貌的清晰图片来培养对真币的感觉，通过熟悉钱币的暗记来避免上当，从而提高钱币鉴别的能力。同样，在银行工作的柜员，每天经手成千上万的各种硬币，他们也需要对钱币真品有感性的认识，需要真实再现硬币全貌的图片来提高识别假币的本领。

另外，一枚精美的钱币本身就是一件艺术品，很多钱币爱好者喜欢钱币，就是因为被钱币造型艺术的精美所吸引。我国当代流通硬币皆由国家知名的艺术家和雕刻师设计、雕刻，反映了当代中国钱币制造的水平。这些钱币也需要用摄影艺术表现出来，供广大钱币爱好者鉴赏。

近年来，虽然出版了不少有关当代流通硬币收藏方面的著作，但这些书籍中的钱币图片很少由专业摄影人士拍摄，钱币爱好者很难通过图片来熟悉钱币的细节，感受硬币的魅力，而《中国当代流通硬币图鉴》一书恰好填补了这一空白。该书的全部图片均由专业人士采用专业摄影器材拍摄，能清晰完整地展现每枚硬币的真实面貌，更好地满足钱币收藏爱好者和银行从业人员的需要，有效提高他们的鉴赏、鉴别能力。

在人民币发行七十余年，中国人民全面奔小康、群众文化事业蓬勃发展的时候，《中国当代流通硬币图鉴》一书的出版，也契合了盛世收藏的需要。相信，一部承载精美钱币图片和实用资料的工具书，一定会受到广大钱币爱好者和研究者的欢迎，也必将促进中国当代流通硬币研究事业的发展。

中国钱币博物馆馆长

目　录

第二套金属流通硬币（铝分币）

第三套金属流通硬币（长城币）

第四套金属流通硬币（老三花）

第五套金属流通硬币（新三花）

流通纪念币

第二套金属流通硬币（铝分币）

简介

1953年，中国人民银行决定筹备发行流通硬币，1955年沈阳造币厂（原国营六一五厂）开始铸造壹分硬币，上海造币厂（原国营六一四厂）开始生产伍分硬币，1956年上海造币厂启动贰分硬币的生产。1957年11月19日，周恩来总理签署《关于发行金属分币的命令》。中国人民银行于1957年12月1日正式发行壹分、贰分和伍分三枚硬分币。这是由中国人自己设计图稿，自己研发硬币原模，自己选择硬币材质，完全依靠国人力量生产出的一套硬分币。进入2000年以后停发，2005—2017年中国人民银行又发行新年号的壹分硬币，该套硬币，成为新中国历史上流通时间最长的人民币。

流通硬分币的设计由中央美术学院周令钊教授主持，经专家学者反复讨论研究，最后确定了正面图案采用中华人民共和国国徽和国名，背面图案采用面值和麦穗的初步方案，以体现工农联盟的主题。北京印钞厂美术师刘延年手绘硬分币的几种素描图稿，以写实的手法通过黑白渐变效果将硬币的浮雕效果表现出来。分币原模由沈阳和上海两个造币厂分头试制，沈阳造币厂由宋怀林负责，采用机雕方法；上海造币厂由宋益谦技师负责，采用手雕方法。后来，因为沈阳造币厂制作的模具立体效果好，被选为雕刻子模。1954年底，沈阳造币厂试制铸模取得成功，中国人终于自力更生制作出中华人民共和国的第一组硬币原模。在硬币原模研制过程中，同时开展了硬币材质的选择工作，初步确定铜锌合金、铜铝合金和铜锡合金三种材质进行试验，经过反复试验，确定硬币材质为含铜0.5%的铝铜合金。在发行的六十多年里，该套硬币的材质先后经过三次变化，由最初的铝铜合金最终改为如今的铝镁合金（含镁1.5%、锰0.4%）。

改革开放后，为了适应国家经济发展的需要，中国印钞造币总公司开始发行装帧的硬分币套装，全部对外销售，为国家赚取外汇。1979年，上海造币厂仿制日本硬币套装形式，装帧了当年的三枚硬币。1980年至1986年，沈阳造币厂与上海造币厂共同将硬分币与长城币一起装帧为套装硬币对外销售。20世纪90年代硬分币又与“老三花”硬币一起装帧为套币在全国销售，这些套装硬币因制作精美、发行量少而深受广大收藏爱好者喜爱。由于这些装帧的硬分币中的部分硬币只出现在装帧册中，并没有在市场上流通，这些稀少的流通硬币珍品成为广大爱好者追逐的目标。其中，1981年壹分、1980年贰分、1979年伍分、1980年伍分、1981年伍分这五枚硬币被流通硬币爱好者称为“五大天王”。“该套流通硬币在第二套人民币发行期内发行，因此又称为第二套人民币硬币。”

第二套金属流通硬币（铝分币）发行年份

壹分

年份	年份	年份	年份	年份
1955	1974凸	1982	1994凸	2009
1956	1975	1982凸	1995凸	2010
1957	1976凸	1983凸	1996凸	2011
1958	1977	1984	1997凸	2012
1959	1978混	1984凸	1998凸	2013
1961	1979	1985	1999凸	2015
1963	1979凸	1986	2000凸	2017
1964	1980	1987	2005	
1971	1980凸	1991	2006	
1972混	1981	1992套	2007	
1973	1981凸	1993凸	2008	

注：1979凸、1980平、1981平三枚壹分硬币装帧在普制套装中；1981凸、1984平两枚壹分硬币装帧在精制套装中。

贰分

年份	年份	年份	年份	年份
1956	1975	1982	1987	1994
1959	1976	1982凸	1988	1995
1960	1977	1983	1989	1996
1961	1978	1983凸	1990	1997
1962	1979	1984	1991	1998
1963	1980	1984凸	1991套	1999
1964	1981	1985	1992套	2000
1974	1981凸	1986	1993	

注：1980平版贰分硬币装帧在普制套装中；1982凸、1984凸两枚贰分硬币装帧在精制套装中。

伍分

年份	年份	年份	年份	年份
1955	1980	1985	1992	1999
1956粗字小星	1981	1986	1992套	2000
1956细字小星	1981凸	1987	1993	
1956细字大星	1982凸	1988	1994	
1957	1983	1989	1995	
1974凸	1983凸	1990	1996	
1976凸	1984	1991	1997	
1979凸	1984凸	1991套	1998	

注：1979、1980、1981三枚平版伍分硬币装帧在普制套装中；1983凸、1984平伍分硬币装帧在精制套装中。

凡未注明的均为平版，带有凸字的为凸版，带有套字的为套装币；除2000年壹分外，1993—2000年其他23枚硬币装帧在硬币套装中。

壹分

正面图案：国名、国徽
背面图案：麦穗、年号、面值
侧面图案：连续直丝齿（101根）
面　　值：壹分
材　　质：铝镁合金
　　　　（1956年以前是铝铜合金）
直　　径：18mm
边　　厚：1.35mm
重　　量：0.67g
制　　造：上海、沈阳、西安造币厂
发行时间：1957.12—2017

贰分

正面图案：国名、国徽
背面图案：麦穗、年号、面值
侧面图案：连续直丝齿（115根）
面　　值：贰分
材　　质：铝镁合金
直　　径：21mm
边　　厚：1.6mm
重　　量：1.08g
制　　造：上海、沈阳、西安造币厂
发行时间：1957.12.1—2000

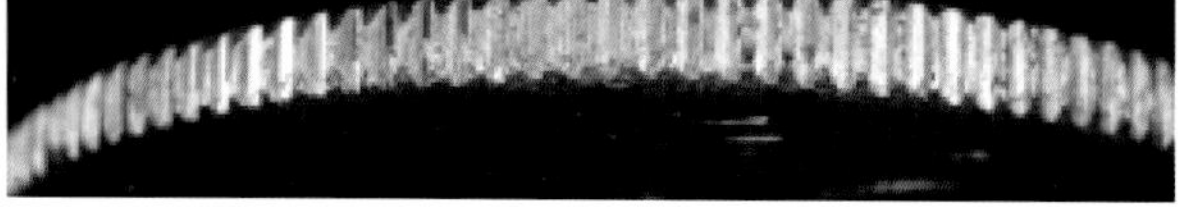

伍分

正面图案：国名、国徽
背面图案：麦穗、年号、面值
侧面图案：连续直丝齿（123根）
面　　值：伍分
材　　质：铝铜合金
　　　　　1957年以后改用铝镁合金
直　　径：24mm
边　　厚：1.8mm
重　　量：1.6g
制　　造：上海、沈阳、西安造币厂
发行时间：1957.12—2000

平版

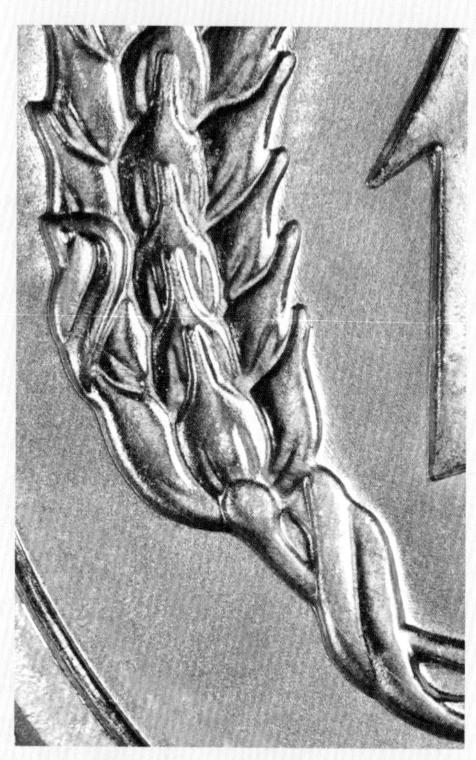

流通硬分币版别可分为“平版”“凸版”和“混合版”三种。

平版是最主要的版别，早年沈阳、上海和西安三个造币厂使用的都是“平版”模生产，1971 年以前生产的所有硬币都是“平版”币，沈阳造币厂一直沿用“平版”模直到停产。

“平版”又称“平芒版”，币背面图案中连接两根麦穗的飘带较长，飘带各从左右两根麦穗的外部第一颗麦粒的芒尖飘出，向内绕一弧形，末端正好和第二颗麦粒的芒尖相平连接，故称“平芒版”，简称“平版”。“平版”“分”字里面的“刀”字横折钩为圆弧钩，“刀”字撇的写法无顿笔。

凸版

上海造币厂从 20 世纪 70 年代开始重新制作原模生产的硬分币称为“凸版”。

“凸版”又称“露芒版”，币背面图案中连接两根麦穗的飘带较短，飘带各从左右两根麦穗的外部第一颗麦粒的抽芒处飘出，麦芒被飘带挡住。飘带向内绕一弧形，末端落在第二颗麦粒抽芒处，把第二颗麦粒的芒全部显露在外，故称“露芒版”，简称“凸版”。“凸版”“分”字里的“刀”字提钩为拐角钩，“刀”字撇的写法有顿笔。

混合版

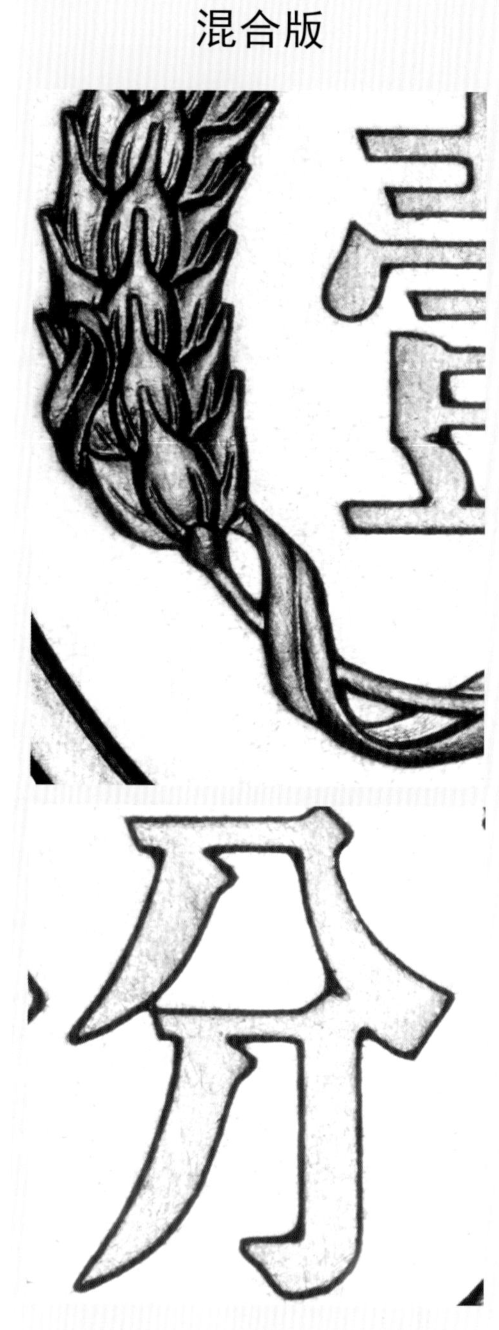

“混合版”是“凸版”的变体，是上海造币厂研制生产新版别硬币的过渡产品，只有 721 和 781 两枚硬币。这两枚硬币的特殊性在于从硬币背面的麦穗图案观察近似于“平版”，从“分”字钩形观察近似于“凸版”，因混合两个版别的特征，因此称为“混合版”。

混合版

1978年壹分

1972年壹分

781分币背面图案和721相同，但正面与“平版”币特征相同，而721分币的正面与“凸版”分币特征一致。

1983年贰分“平版”

1983年贰分“凸版”

1972年壹分“混合版”

伍分
1956年粗字小星版

1956 年伍分硬币根据年号字体的粗细以及国徽上五角星的大小，分为粗字小星版、细字小星版和细字大星版三个版别。

铝铜材质的粗字小星版为上海造币厂 20 世纪 50 年代生产。

伍分
1956年细字小星版

细字小星版由沈阳造币厂 1969 年恢复生产时的版式。

伍分
1956年细字大星版

细字大星版由上海造币厂 20 世纪 60 年代末生产。

1956年伍分（粗字小星版）

1956年伍分（细字小星版）

1956年伍分（细字大星版）

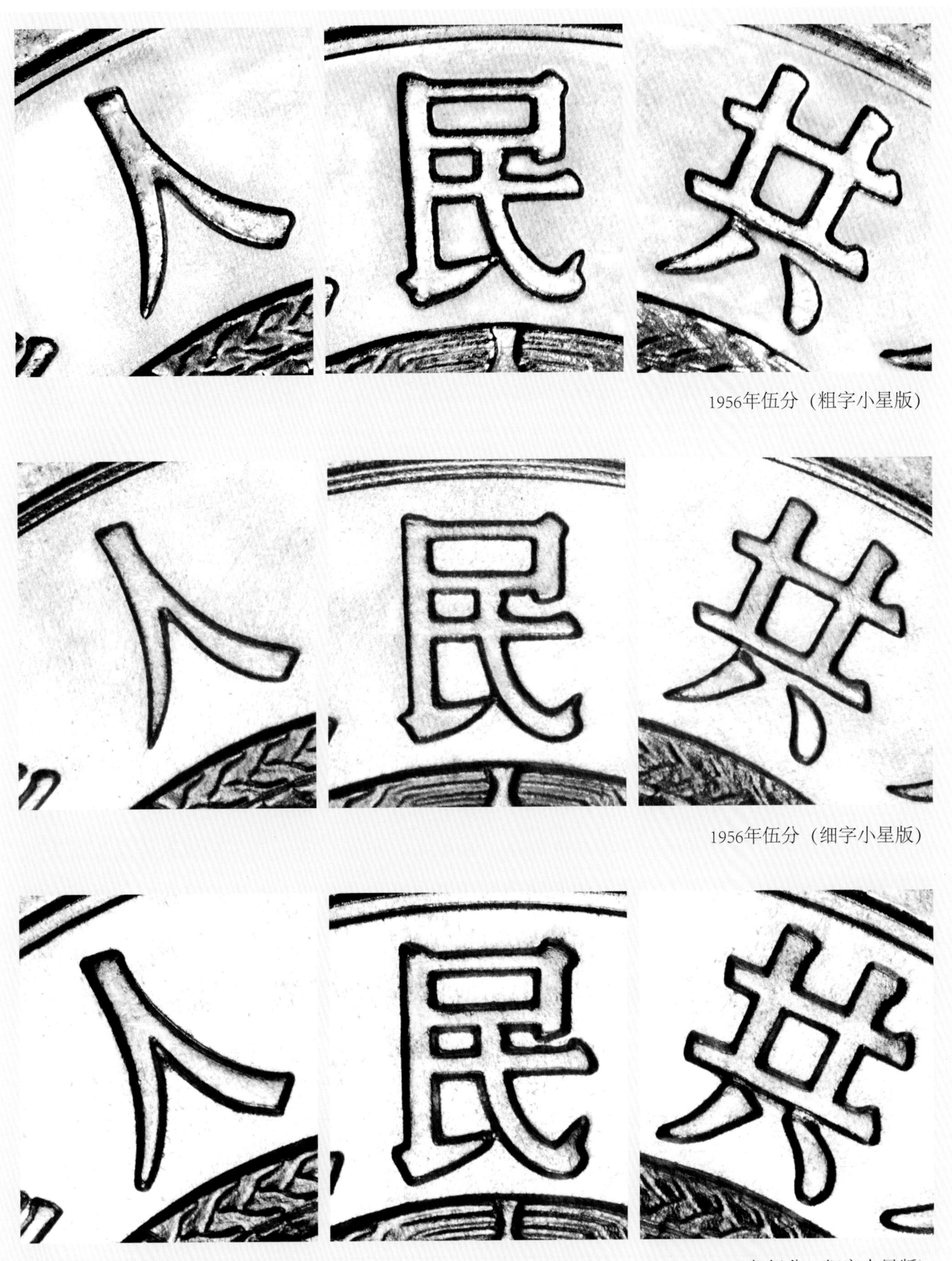

1956年伍分（粗字小星版）

1956年伍分（细字小星版）

1956年伍分（细字大星版）

第三套金属流通硬币（长城币）

简介

在新中国首套硬分币刚刚生产的1955年，发行一组全新角分币的设想就提出来了，研制新硬币的工作也一直在进行，在不同历史时期曾有过不同的方案，但因为各种原因均未获得批准。1979年6月15日，中国人民银行指示沈阳造币厂设计制造壹角、贰角、伍角和壹圆四种硬币。同年12月6日，国务院批准四种硬币的生产。1980年初，沈阳造币厂开始试生产，下半年转入批量生产。1980年6月，上海造币厂成立元角币试验小组，同年9月，试生产成功。

长城币于1980年正式发行，1987年初停止铸造，共发行了七个年号的四种元角硬币，因壹圆硬币背面图案是万里长城，因此该套硬币被广大钱币爱好者称为长城币。在该套硬币中，生产的普通流通硬币为1980、1981、1983、1985共四个年号，同时还生产了1981至1986共六个年号的精制流通硬币，与三枚铝分币和生肖纪念章一起装帧成精装本，供国家出口换汇。

1980年试生产时，是按照金银币的生产工艺进行生产的，因此部分1980年长城币具有镜面特征，1981年及以后的普制长城币改为普通工艺生产，两个造币厂生产角币材质成分不同，根据两个造币厂厂志记载，沈阳造币厂生产的角币金属成分是70%铜、30%锌，上海造币厂铸造的角币金属成分是68%铜、32%锌。形成黄铜和红铜的区别。

长城币发行后，普制币大都进入市场流通，套装硬币大都流向海外，经过几十年的沉淀，卷拆未流通的长城币日渐稀少，品相好的套装硬币也极其少见，因此价格也不断上扬，长城币成为近年来钱币市场人气最旺的板块。近年来，长城币的人气不断吸引专家学者与收藏爱好者加入，全国还成立长城币收藏协会，许多专家和爱好者对长城币进行深入研究，发现了一些新的版别，出版了多本专著，取得了丰硕的成果。

	壹元	壹角	贰角	伍角
年份	发行量（枚）	发行量（枚）	发行量（枚）	发行量（枚）
1980	177万	240万	248万	405万
1981	7545万	4260万	524万	1967万
1982				
1983	240万	53万	55万	290万
1984				
1985	1680万	3727万		1273万
1986				

长城币　壹角

正面图案：国名、国徽
背面图案：麦穗、齿轮、年号、面值
侧面图案：连续直丝齿（110根）
面　　值：壹角
材　　质：铜锌合金
直　　径：20mm
边　　厚：1.3mm
重　　量：2.62g
制　　造：上海、沈阳造币厂
发行时间：1980.4.15

黄铜版沈阳造币厂生产

长城币　贰角

正面图案：国名、国徽
背面图案：麦穗、齿轮、年号、面值
侧面图案：连续直丝齿（120根）
面　　值：贰角
材　　质：铜锌合金
直　　径：23mm
边　　厚：1.5mm
重　　量：4.18g
制　　造：上海、沈阳造币厂
发行时间：1980.4.15

红铜版上海造币厂生产

长城币　伍角

正面图案：国名、国徽
背面图案：麦穗、齿轮、年号、面值
侧面图案：连续直丝齿（140根）
面　　值：伍角
材　　质：铜锌合金
直　　径：26mm
边　　厚：1.7mm
重　　量：6.02g
制　　造：上海、沈阳造币厂
发行时间：1980.4.15

长城币　壹圆

正面图案：国名、国徽、年号
背面图案：长城、面值
侧面图案：连续直丝齿（165根）
面　　值：壹圆
材　　质：铜镍合金
直　　径：30mm
边　　厚：1.9mm
重　　量：9.32g
制　　造：上海、沈阳造币厂
发行时间：1980.4.15

长城币　壹圆　无砖版

长城上最大的烽火台上没有砖块的痕迹（无纹路）。

长城币　壹圆　有砖版

长城上最大的烽火台上有砖块的痕迹，即墙体有纹路。

长城币　壹圆
1985年宽距（沈阳版）

1985 年长城币因上海和沈阳两个造币厂采用不同的模具生产，形成两种版别。

背面图案中心位置，长城步道上第二个台阶与第一个台阶平行。

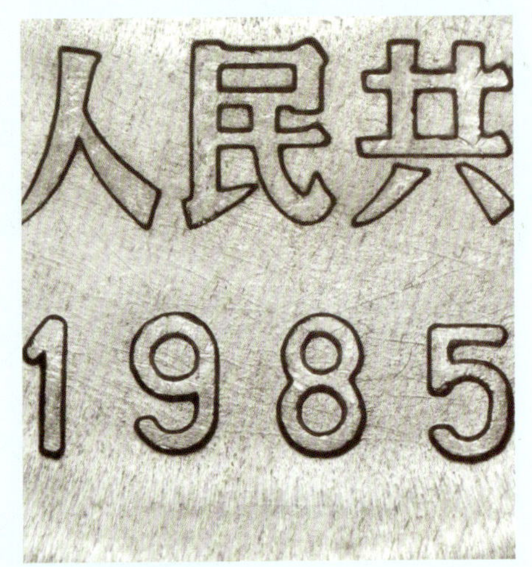

沈阳生产的 1985 年的年号字体较大，数字间距较宽，称为“宽距版”。

长城币　壹圆
1985年窄距（上海版）

背面图案中心位置，长城步道上第二个台阶与第一个台阶形成夹角。

上海生产的1985年的年号字体较小，数字间距较窄，称为“窄距版”。

第四套金属流通硬币（老三花）

简介

1983年5月，中国印钞造币总公司启动新版硬币设计，于1991年开始正式铸造，1992年6月1日开始发行。新版硬币包括1元牡丹硬币、5角梅花硬币和1角菊花硬币，为了与后来发行的同样是花卉题材的硬币区分，广大收藏爱好者称这套硬币为“老三花”硬币。目前1角硬币已于2018年5月1日起退出流通，5角和1元硬币仍在流通。

新版1角硬币采用造币专用铝合金圆形坯饼生产内多边形币和边部无齿加厚的新工艺，从外形、厚度和重量等与铝分币形成了明显区分；5角硬币材质为新型黄铜合金，边齿采用间断丝齿；1元硬币材质为钢芯镀镍，使用从加拿大雪利公司引进的钢芯镀镍硬币生产线铸造。

为了满足广大收藏爱好者的需求，中国印钞造币总公司在安排市场流通的“老三花”硬币生产的同时，还制作了一批普制和精制装帧套币，将三枚“老三花”普制或精制币与同年号的铝分币共六枚硬币一起装帧发行，年号从1991年至2000年。

菊花1角	梅花5角	牡丹1元
年份	年份	年份
1991	1991	1991
1992	1992	1992
1993	1993	1993
1994	1994	1994
1995	1995	1995
1996	1996	1996
1997	1997	1997
1998	1998	1998
1999	1999	1999
2000	2000	2000
	2001	

1角（菊花）

正面图案：中文及拼音国名、国徽、年号
背面图案：菊花、面值
侧面图案：光边圆柱
面　　值：1角
材　　质：铝镁合金
直　　径：22.5mm
边　　厚：2.4mm
重　　量：2.2g
制　　造：沈阳、上海、南京造币厂
发行时间：1992.6.1

5角（梅花）

正面图案：中文及拼音国名、国徽、年号
背面图案：梅花、面值
侧面图案：间断直丝齿6组×8根
面　　值：5角
材　　质：铜锌合金
直　　径：20.5mm
边　　厚：1.65mm
重　　量：3.8g
制　　造：沈阳、上海、南京造币厂
发行时间：1992.6.1

1元（牡丹花）

正面图案：中文及拼音国名、国徽、年号
背面图案：牡丹花、面值
侧面图案：光边圆柱
面　　值：1元
材　　质：钢芯镀镍
直　　径：25mm
边　　厚：1.85mm
重　　量：6.05g
制　　造：沈阳、上海、南京造币厂
发行时间：1992.6.1

第五套金属流通硬币（新三花）

简介

第五套金属流通硬币1999年开始生产，1角硬币和1元硬币于2000年10月16日开始发行；5角硬币2002年开始生产，同年10月18日正式发行。这套新发行的花卉题材的硬币被钱币爱好者称为“新三花”硬币。

新版1角硬币开始采用造币专用铝合金，2005年改为不锈钢材质；5角硬币采用铜包钢新材质，这是20世纪末发展起来的一种新兴造币材料，边齿仍采用间断丝齿；1元硬币材质为钢芯镀镍，并增加边缘滚字的新工艺，提高1元硬币防伪性能，增加造假难度。

1元硬币的背面菊花图案由沈阳造币厂工艺大师王福德设计，1角和5角硬币的背面兰花和荷花图案由沈阳造币厂设计师常欢设计。第五套人民币硬币只有普制流通硬币面世，目前该套硬币每年都在发行，发行年号已经到2018年。

2019年版第五套人民币1元、5角、1角硬币正面面额数字改为斜体，背面花卉图案适当收缩，使视觉效果更活泼、富有动感，更加突出和醒目。面额数字轮廓线的粗细变化，强化了数字造型的立体效果，进一步提升了识别性，具有较强的时代感。1元硬币直径由25毫米调整为22.25毫米，直径缩小11%，便于公众携带使用。正面面额数字“1”轮廓线内增加隐形图文“¥”和“1”，边部增加珠圈。1999年版第五套人民币5角硬币采用的钢芯镀铜合金生产工艺，根据国家产业政策，属于拟淘汰的落后工艺。2019年版改为钢芯镀镍，色泽由金黄色改为镍白色。正背面内周缘由圆形调整为多边形。1角硬币正面边部增加了珠圈。

兰花1角铝	2014	2010	2005
年份	2015	2011	2006
1999	2016	2012	2007
2000	2017	2013	2008
2001	2014	2014	2009
2002	2015	2015	2010
2003	2018	2016	2011
兰花1角钢	2019	2017	2012
年份	荷花5角	2018	2013
2005	年份	2019	2014
2006	2002	菊花1元	2015
2007	2003	年份	2016
2008	2004	1999	2017
2009	2005	2000	2018
2010	2006	2001	2019
2011	2007	2002	
2012	2008	2003	
2013	2009	2004	

1角（兰花　铝）

正面图案：行名、面值、年号
背面图案：兰花、拼音行名
侧面图案：光边圆柱
面　　值：1角
材　　质：铝镁合金
直　　径：19mm
边　　厚：1.67mm
重　　量：1.15g
制　　造：沈阳、上海、南京造币厂
发行时间：2000.10.16

1角（兰花　钢）

正面图案：行名、面值、年号
背面图案：兰花、拼音行名
侧面图案：光边圆柱
面　　值：1角
材　　质：不锈钢
直　　径：19mm
边　　厚：1.67mm
重　　量：3.2g
制　　造：沈阳、上海、南京造币厂
发行时间：2005.8.31

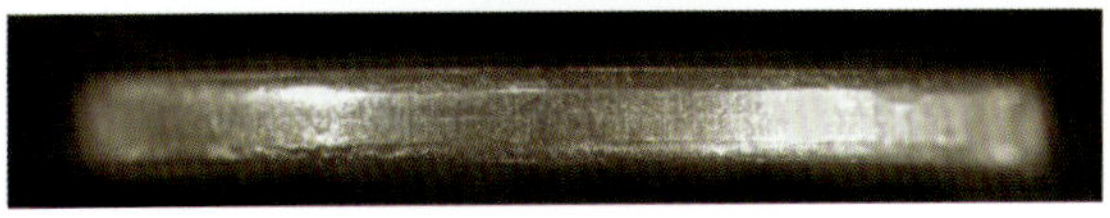

5角（荷花）

正面图案：行名、面值、年号
背面图案：荷花、拼音行名
侧面图案：间断直丝齿6组×8根
面　　值：5角
材　　质：钢芯镀铜
直　　径：20.5mm
边　　厚：1.65mm
重　　量：3.8g
制　　造：沈阳、上海、南京造币厂
发行时间：2002.11.18

1元（菊花）

正面图案：行名、面值、年号
背面图案：菊花、拼音行名
侧面图案：RMB
面　　值：1元
材　　质：钢芯镀镍
直　　径：25mm
边　　厚：1.85mm
重　　量：6.05g
制　　造：沈阳、上海、南京造币厂
发行时间：2000.10.16

2019年版1角

正面图案：行名、面值、年号、珠圈
背面图案：兰花、拼音行名
侧面图案：光边圆柱
面　　值：1角
材　　质：钢芯镀镍
直　　径：19mm
边　　厚：1.77mm
重　　量：3.2g
制　　造：沈阳、上海、南京造币厂
发行时间：2019.8.30

2019年版5角

正面图案：行名、面值、年号
背面图案：荷花、拼音行名
侧面图案：间断直丝齿6组×8根
面　　值：5角
材　　质：钢芯镀镍
直　　径：20.5mm
边　　厚：1.72mm
重　　量：3.85g
制　　造：沈阳、上海、南京造币厂
发行时间：2019.8.30

2019年版1元

正面图案：行名、面值、年号、珠圈
背面图案：菊花、拼音行名
侧面图案：RMB
面　　值：1元
材　　质：钢芯镀镍
直　　径：22.25mm
边　　厚：1.8mm
重　　量：4.75g
制　　造：沈阳、上海、南京造币厂
发行时间：2019.8.30

隐形图文“¥”和“1”

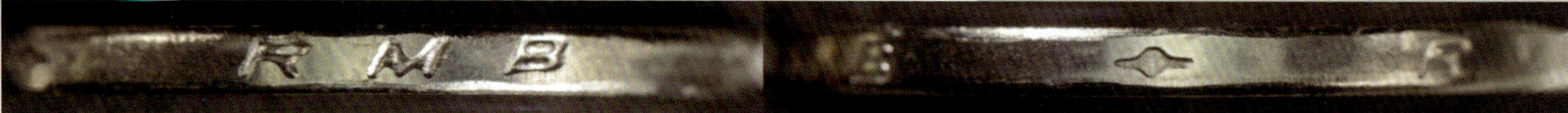

流通纪念币

简介

流通纪念币是指为了纪念国际或本国的政治、历史、文化、体育等方面重大事件，杰出历史人物或珍稀动植物等，由央行发行的普通金属（铜、钢、镍等）纪念硬币。纪念币是一种限量发行的货币，只能一次性生产并销毁模板，因此流通纪念币多数被收藏。流通纪念币既具有货币流通功能，又具有纪念意义，是国家法定流通货币的一种特殊形式。发行后，可以与其他流通人民币等值流通，其面额记入市场现金流通量，成为货币供应量的一部分。

中国人民银行从1984年开始已发行了86套114枚流通纪念币。官方（中国人民银行）称谓为“普通纪念币”，此称谓相对于金、银等“贵金属纪念币”。普通流通纪念币的价格远低于贵金属流通纪念币，与普通人民币等额兑换。

流通纪念币按照纪念内容的性质来划分可分为两大类：一类是普通流通纪念币，另一类是特种流通纪念币。普通流通纪念币根据题材不同划分为中华人民共和国成立、中国共产党成立、中国人民解放军建军、自治区成立、特别行政区成立等周年纪念，以及体育类、重要事件、人物类。特种流通纪念币包括中国珍稀动物、文化遗产、宝岛台湾、生肖系列、和字系列纪念币等。这些纪念币为丰富我国纪念币的题材而发行，与普通流通纪念币相比，在面值、规格、材质、发行方式、发行数量和选题等方面都有明显的不同，故称为特种流通纪念币。

流通纪念币主要由沈阳造币厂和上海造币厂设计、铸造，选用的材质多种多样，目前已经有铜镍、铜锌、钢芯镀镍、紫铜、黄铜、双色铜镶嵌等材质。随着流通纪念币研究的深入，新的版别也不断发现。

一、中华人民共和国成立、中国共产党成立、中国人民解放军建军周年纪念

中华人民共和国成立三十五周年开国大典（上海版）

正面图案：国名、国徽、天安门广场、礼花、币名、纪年
背面图案：开国大典、面值
侧面图案：连续直丝齿
面　　值：壹圆
材　　质：铜镍合金
直　　径：30mm
边　　厚：1.9mm
重　　量：9.32g
制　　造：上海造币厂
发 行 量：134万枚
发行时间：1984.10.1

“Z”字云鸭嘴细短

正面图案第二条长弧线较短、离币的边缘有一定距离。

边齿为直齿圆边

中华人民共和国成立三十五周年开国大典（沈阳版）

正面图案：国名、国徽、天安门广场、礼花、币名、纪年
背面图案：开国大典、面值
侧面图案：连续直丝齿
面　　值：壹圆
材　　质：铜镍合金
直　　径：30mm
边　　厚：1.9mm
重　　量：9.32g
制　　造：沈阳造币厂
发 行 量：60万枚
发行时间：1984.10.1

"Z"字云鸭嘴细长

正面图案第二条长弧线较长、触及币边。

边齿为直齿直边

中华人民共和国成立三十五周年民族大团结（上海版）

正面图案：国名、国徽、天安门广场、礼花、币名、纪年
背面图案：民族大团结、面值
侧面图案：连续直丝齿
面　　值：壹圆
材　　质：铜镍合金
直　　径：30mm
边　　厚：1.9mm
重　　量：9.32g
制　　造：上海造币厂
发 行 量：600万枚
发行时间：1984.10.1

中华人民共和国成立三十五周年民族大团结（沈阳版）

正面图案：国名、国徽、天安门广场、礼花、币名、纪年
背面图案：民族大团结、面值
侧面图案：连续直丝齿
面　　值：壹圆
材　　质：铜镍合金
直　　径：30mm
边　　厚：1.9mm
重　　量：9.32g
制　　造：沈阳造币厂
发 行 量：275万枚
发行时间：1984.10.1

中华人民共和国成立三十五周年祖国万岁（上海版）

正面图案：国名、国徽、天安门广场、礼花、币名、纪年
背面图案：祖国万岁、面值
侧面图案：连续直丝齿
面　　值：壹圆
材　　质：铜镍合金
直　　径：30mm
边　　厚：1.9mm
重　　量：9.32g
制　　造：上海造币厂
发 行 量：600万枚
发行时间：1984.10.1

中华人民共和国成立三十五周年祖国万岁（沈阳版）

正面图案：国名、国徽、天安门广场、礼花、币名、纪年
背面图案：祖国万岁、面值
侧面图案：连续直丝齿
面　　值：壹圆
材　　质：铜镍合金
直　　径：30mm
边　　厚：1.9mm
重　　量：9.32g
制　　造：沈阳造币厂
发 行 量：275万枚
发行时间：1984.10.1

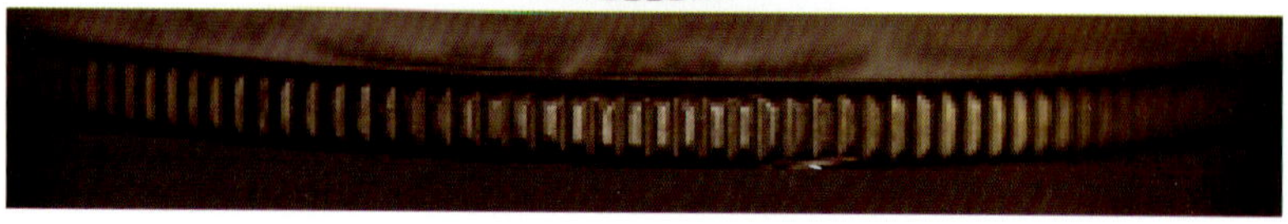

中华人民共和国成立四十周年

正面图案：国徽、年号、人民大会堂、礼花、面值
背面图案：和平鸽、乐谱、“40”艺术字体、币名、纪年
侧面图案：连续直丝齿
面　　值：壹圆
材　　质：铜镍合金
直　　径：30mm
边　　厚：1.9mm
重　　量：9.32g
制　　造：沈阳造币厂
发 行 量：2100万枚
发行时间：1989.9.28

中华人民共和国成立五十周年

正面图案：国名、国徽、天安门广场、礼花
背面图案：长城变形构成“50”字样、和平鸽、牡丹花、币名、面值、年号
侧面图案：间断直丝齿
面　　值：10元
材　　质：双色铜合金镶嵌
直　　径：25.5mm
边　　厚：1.85mm
重　　量：7.8g
制　　造：沈阳造币厂
发 行 量：1000万枚
发行时间：1999.9.20

中华人民共和国成立七十周年

正面图案：国徽、国名、年号、牡丹花
背面图案：币名、面值、石榴、70光芒图案
侧面图案：斜全齿间隔半齿
面　　值：10元
材　　质：双色铜合金
直　　径：27mm
边　　厚：2mm
重　　量：9.1g
制　　造：沈阳造币厂
发 行 量：1.5亿枚
发行时间：2019.9.10

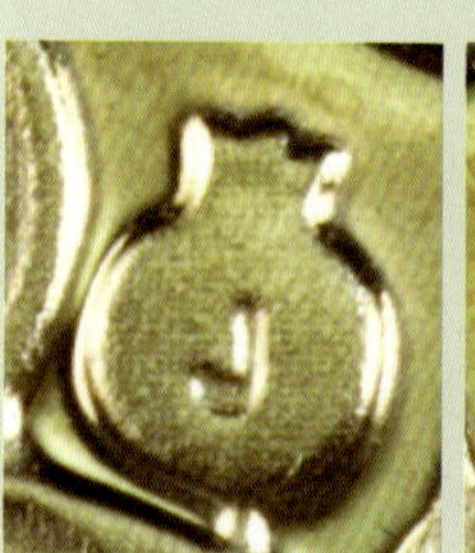

背面 10 元面值两边的石榴上分别是微缩文字“J”和“G”。

中国共产党成立七十周年第一次全国代表大会（1921）

正面图案：国徽、国名、年号
背面图案：中共一大会址、币名、面值
侧面图案：连续直丝齿
面　　值：壹圆
材　　质：钢芯镀镍
直　　径：25mm
边　　厚：1.7mm
重　　量：5.88g
制　　造：上海造币厂
发 行 量：三枚共计9000万枚
发行时间：1991.6.18

中国共产党成立七十周年 遵义会议（1935）

正面图案：国徽、国名、年号
背面图案：遵义会议、币名、面值
侧面图案：连续直丝齿
面　　值：壹圆
材　　质：钢芯镀镍
直　　径：25mm
边　　厚：1.7mm
重　　量：5.88g
制　　造：上海造币厂
发 行 量：三枚共计9000万枚
发行时间：1991.6.18

中国共产党成立七十周年第十一届三中全会（1978）

正面图案：国徽、国名、年号
背面图案：第十一届三中全会、币名、面值
侧面图案：连续直丝齿
面　　值：壹圆
材　　质：钢芯镀镍
直　　径：25mm
边　　厚：1.7mm
重　　量：5.88g
制　　造：上海造币厂
发 行 量：三枚共计9000万枚
发行时间：1991.6.18

中国共产党成立90周年

正面图案：国徽、国名、年号
背面图案：党徽、党旗、牡丹花、和平鸽、五角星、币名、面值、纪年
侧面图案：连续直丝间隔半齿
面　　值：5元
材　　质：黄铜合金
直　　径：30mm
边　　厚：2mm
重　　量：12.8g
制　　造：沈阳造币厂
发 行 量：6000万枚
发行时间：2011.6.16

牡丹花丛中的暗记D

在币的正面内缘四周均匀地分布着三组微型雕刻文字“1921—2011”。

中国人民解放军
建军90周年

正面图案：国徽、国名、年号
背面图案：币名、飘带、橄榄枝、军徽并蕴含“90”字样、面值、长城图案、纪年
侧面图案：连续斜丝间隔半齿
面　　值：10元
材　　质：双色铜合金
直　　径：27mm
边　　厚：2.17mm
重　　量：9.16g
制　　造：上海、沈阳造币厂
发 行 量：2.5亿枚
发行时间：2017.7.31

正下方圆珠为1927—2017

二、其他事件周年纪念

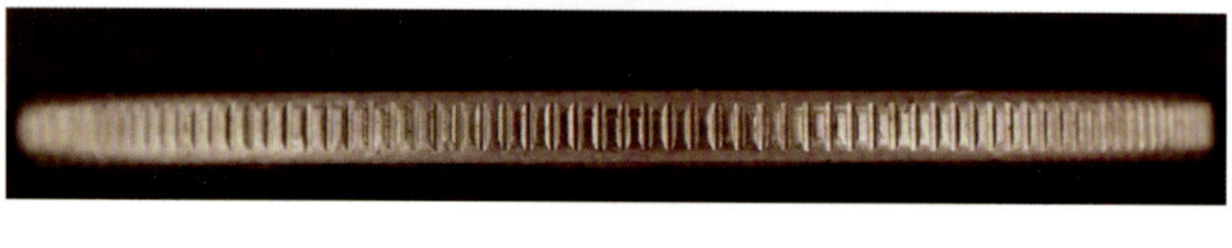

中国人民银行成立四十周年

正面图案：国名、国徽、年号
背面图案：币名、行徽及总行大厦、面值、纪年
侧面图案：连续直丝齿
面　　值：壹圆
材　　质：铜镍合金
直　　径：30mm
边　　厚：1.9mm
重　　量：9.32g
制　　造：上海造币厂
发 行 量：206.8万枚
发行时间：1988.12.1

宪法颁布十周年

正面图案：国徽、国名、年号、周边有象征56个民族的圆点
背面图案：币名、鲜花托衬的1982年宪法单行本、面值、纪年
侧面图案：光边圆柱
面　　值：1元
材　　质：钢芯镀镍
直　　径：25mm
边　　厚：1.85mm
重　　量：6.05g
制　　造：上海造币厂
发 行 量：1000万枚
发行时间：1992.11.27

中华人民共和国成立后，于1954年9月20日颁布了中华人民共和国第一部《宪法》。1975年1月17日、1978年3月5日和1982年12月4日先后三次对《宪法》进行了修订。1982年是我国第三次修订《宪法》。币文“宪法颁布十周年”和“1982—1992”明显少了“第三次修订”字样，导致误认为1982年我国才制定第一部《宪法》。“宪法颁布十周年”是目前纪念币中唯一的错币。

同时它还是中国首枚侧面采用光边圆柱防伪的钱币。

全民义务植树运动十周年
义务植树

正面图案：国名、植树节徽、面值
背面图案：币名、绶带、铁锹和树、年号
侧面图案：连续直丝齿
面　　值：壹圆
材　　质：钢芯镀镍
直　　径：25mm
边　　厚：1.7mm
重　　量：5.88g
制　　造：上海造币厂
发 行 量：三枚合计3000万枚
发行时间：1991.3.2

全民义务植树运动十周年
保护生态

正面图案：国名、植树节徽、面值
背面图案：币名、女青年头像头发由花和绿叶组成、年号
侧面图案：连续直丝齿
面　　值：壹圆
材　　质：钢芯镀镍
直　　径：25mm
边　　厚：1.7mm
重　　量：5.88g
制　　造：上海造币厂
发 行 量：三枚合计3000万枚
发行时间：1991.3.2

全民义务植树运动十周年
美化祖国

正面图案：国名、植树节徽、面值

背面图案：币名、华表、地球、飞翔小鸟、年号

侧面图案：连续直丝齿

面　　值：壹圆

材　　质：钢芯镀镍

直　　径：25mm

边　　厚：1.7mm

重　　量：5.88g

制　　造：上海造币厂

发 行 量：三枚合计3000万枚

发行时间：1991.3.2

中国人民政治协商会议成立五十周年

正面图案：国名、年号、全国政协第一届会议会址中南海新华门、年号、面值
背面图案：币名、全国政协会徽、纪年
侧面图案：ZHONG GUO ☆☆☆
面　　值：壹圆
材　　质：钢芯镀镍
直　　径：25mm
边　　厚：1.85mm
重　　量：6.05g
制　　造：上海造币厂
发 行 量：1000万枚
发行时间：1999.9.16

自 1999 年 9 月 16 日发行《中国人民政治协商会议成立五十周年》开始，中国人民银行改“流通纪念币”为“普通纪念币”，其后发行的纪念币都称普通纪念币。

人民代表大会成立五十周年

正面图案：国徽、国名、年号
背面图案：人民大会堂、面值、币名、纪年
侧面图案：RMB
面　　值：1元
材　　质：钢芯镀镍
直　　径：25mm
边　　厚：1.85mm
重　　量：6.05g
制　　造：上海造币厂
发 行 量：1000万枚
发行时间：2004.9.9

纪念敦煌藏经洞发现一百周年

正面图案：敦煌莫高窟九层楼、国名、面值、年号
背面图案：敦煌石窟的精美彩塑及飞天壁画、币名、纪年
侧面图案：RMB
面　　值：壹圆
材　　质：钢芯镀镍
直　　径：25mm
边　　厚：1.85mm
重　　量：6.05g
制　　造：上海造币厂
发 行 量：1000万枚
发行时间：2000.6.30

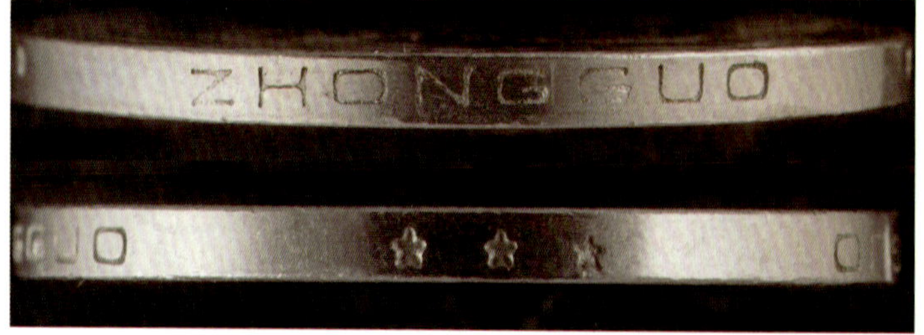

中国抗日战争和世界反法西斯战争胜利五十周年

正面图案：长城、国名、年号
背面图案：抗日战士、旗帜、地球、币名、面值、纪年
侧面图案：ZHONG GUO ☆☆☆
面　　值：1元
材　　质：钢芯镀镍
直　　径：25mm
边　　厚：1.85mm
重　　量：6.05g
制　　造：上海造币厂
发 行 量：1000万枚
发行时间：1995.8.31

联合国成立五十周年

正面图案：国名、国徽、长城、面值
背面图案：联合国标志、年号、币名、“50”字样
侧面图案：ZHONG GUO ☆☆☆
面　　值：1元
材　　质：钢芯镀镍
直　　径：25mm
边　　厚：1.85mm
重　　量：6.05g
制　　造：上海造币厂
发 行 量：1000万枚
发行时间：1995.10.20

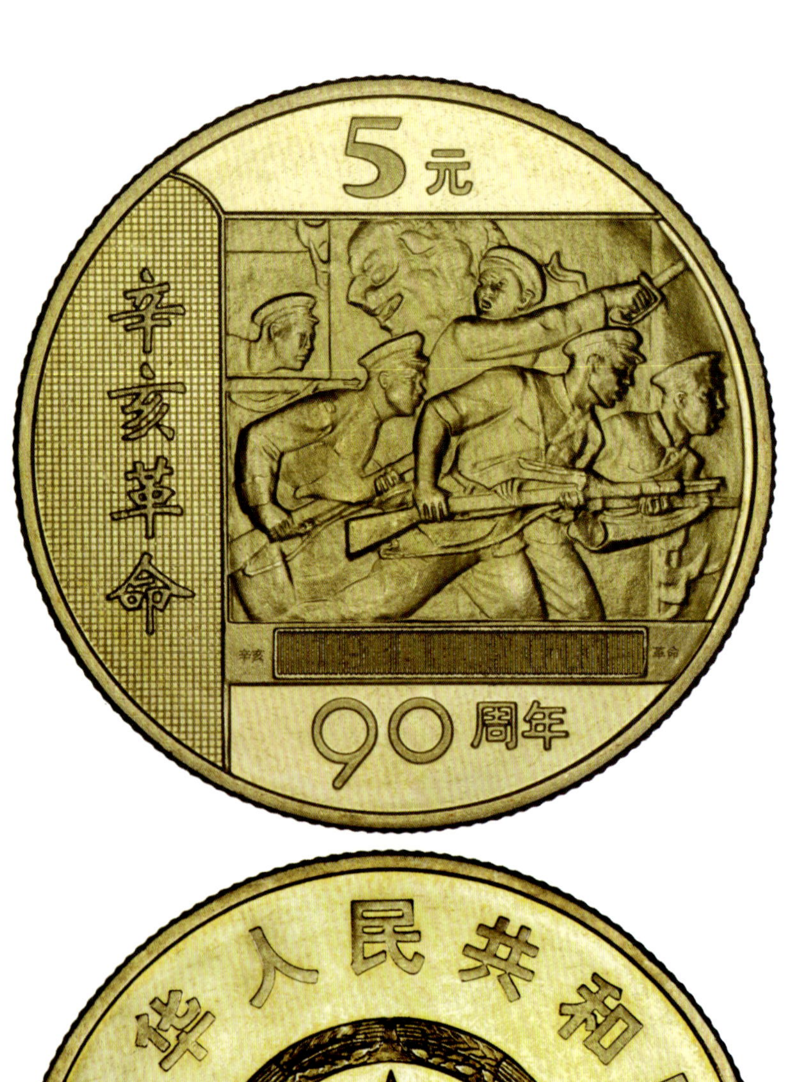

辛亥革命90周年

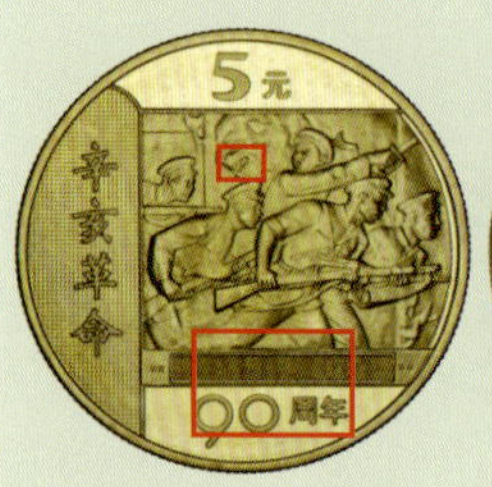

正面图案：国徽、飘带、国名、年号
背面图案：人民英雄纪念碑上的武昌起义浮雕、币名、面值
侧面图案：连续丝齿
面　　值：5元
材　　质：黄铜合金
直　　径：30mm
边　　厚：2mm
重　　量：12.8g
制　　造：沈阳造币厂
发 行 量：1000万枚
发行时间：2001.9.27

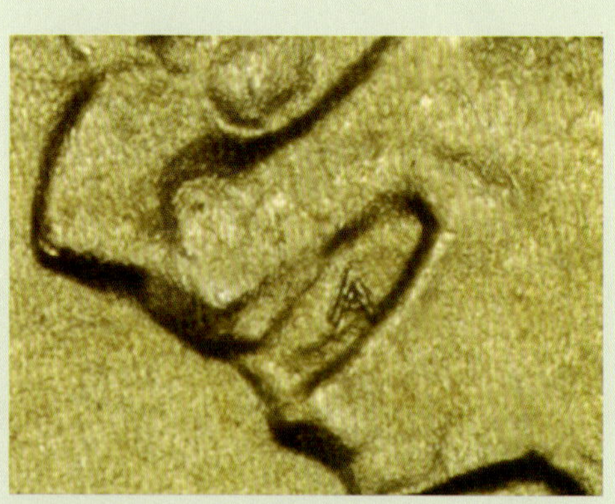

狮子嘴里有一暗记 A

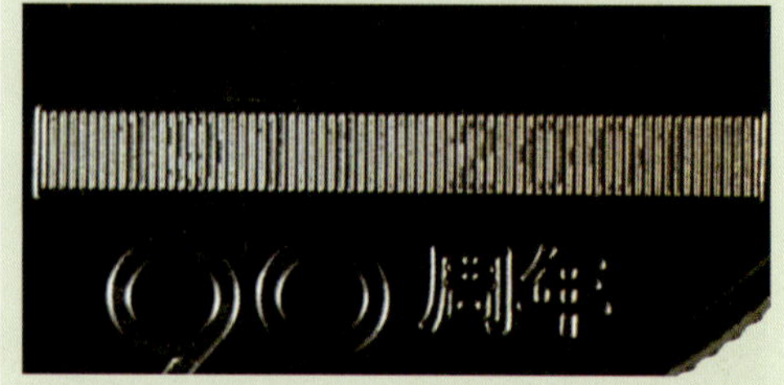

背面隐形图案中可见1911 2001字样

中国人民抗日战争暨世界反法西斯战争胜利70周年

正面图案：国徽、国名、年号
背面图案：币名、和平鸽、长城、纪年、面值、“70”字样
侧面图案：RMB
面　　值：1元
材　　质：钢芯镀镍
直　　径：25mm
边　　厚：1.9mm
重　　量：6.75g
制　　造：上海造币厂
发 行 量：5亿枚
发行时间：2015.8.20

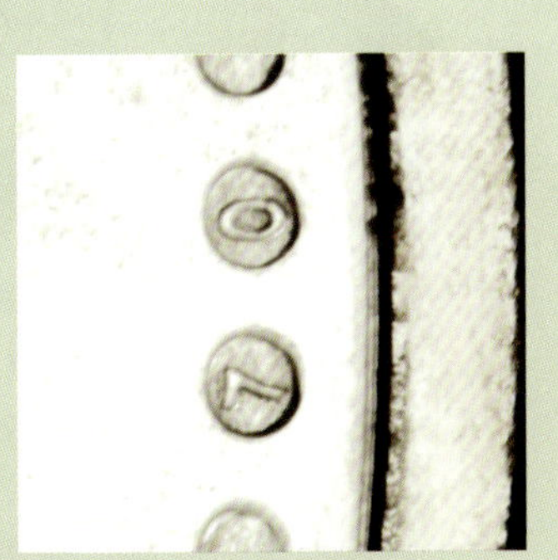

正面右侧的珠圈上有“70”两字

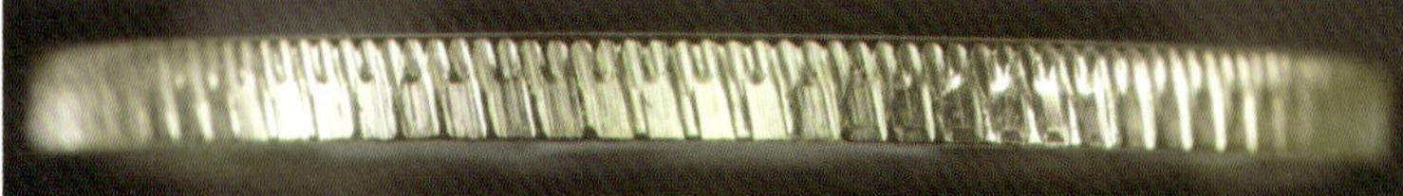

庆祝改革开放40周年

正面图案：国徽、国名、年号
背面图案：主景图案为“40”、牡丹花、飘带和礼花、币名和面值
侧面图案：连续斜丝间隔半齿
面　　值：10元
材　　质：双色铜合金
直　　径：27mm
边　　厚：2mm
重　　量：9.1g
制　　造：上海、沈阳造币厂
发 行 量：1.8亿枚
发行时间：2018.12.28

在背面主图案“40”上可以看到隐形图文“4”和“0”。

在右侧的礼花尾端星形图案中，有改革开放四字拼音首字母“G”“G”“K”“F”的微缩文字。

每枚币上面有点阵，这些点阵用来供机器识别与防伪。

上海版有37个点，数字“4”上面有23个点，数字“0”上面有14个点。

沈阳版有36个点，数字“4”上面有21个点，数字“0”上面有15个点。

三、重要事件纪念

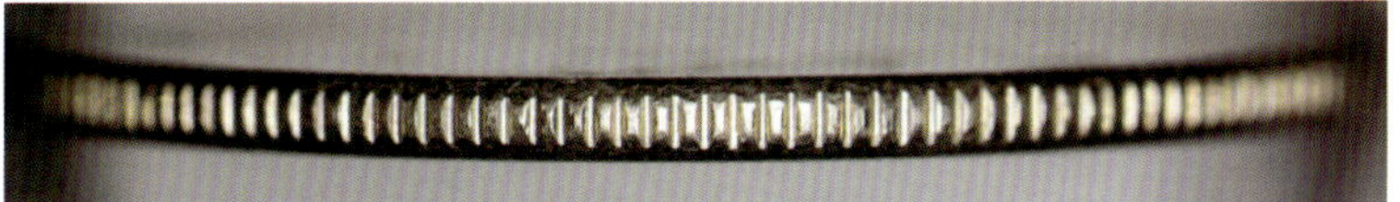

国际和平年

正面图案：国名、国徽、年号
背面图案：币名、“和平”雕像、面值
侧面图案：连续直丝齿
面　　值：壹圆
材　　质：铜镍合金
直　　径：30mm
边　　厚：1.9mm
重　　量：9.32g
制　　造：上海造币厂
发 行 量：2704.8万枚
发行时间：1986.9.20

希望工程

正面图案：国徽、年号、中英文国名
背面图案：男女两名儿童头像、中英文“希望工程”、面值
侧面图案：光边圆柱
面　　值：1元
材　　质：钢芯镀镍
直　　径：25mm
边　　厚：1.85mm
重　　量：6.05g
制　　造：上海造币厂
发 行 量：2000万枚
发行时间：1994.10.26

联合国第四次世界妇女大会

正面图案：中英文国名、天坛、鸽子环绕组成的彩带
背面图案：中英文币名、第四次世界妇女大会会徽、年号、面值
侧面图案：ZHONG GUO ☆☆☆
面　值：1元
材　质：钢芯镀镍
直　径：25mm
边　厚：1.85mm
重　量：6.05g
制　造：上海造币厂
发行量：1000万枚
发行时间：1995.8.31

迎接新世纪

正面图案：国名、年号、车轮、火箭及现代高层建筑
背面图案：币名、太阳、地球、彩带、眼睛、面值
侧面图案：间隔丝齿
面　　值：10元
材　　质：双色铜合金
直　　径：25.5mm
边　　厚：1.85mm
重　　量：7.8g
制　　造：沈阳造币厂
发 行 量：1000万枚
发行时间：2000.11.28

环境保护（第一组）　关注

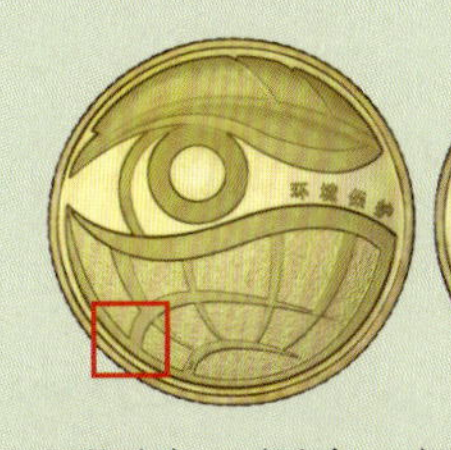

正面图案：国名、国徽、面值、年号
背面图案：抽象的眼睛、叶子和地球、币名
侧面图案：连续斜丝间隔半齿
面　　值：壹圆
材　　质：黄铜合金
直　　径：25mm
边　　厚：1.9mm
重　　量：6.75g
制　　造：沈阳造币厂
发 行 量：1000万枚
发行时间：2009.11.26

背面暗记 HB

环境保护（第二组） 参与

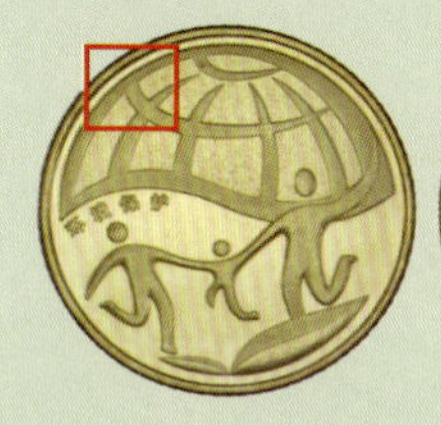

正面图案：国名、国徽、面值、年号
背面图案：地球、三个手拉手的人物形象、币名
侧面图案：连续斜丝间隔半齿
面　　值：壹圆
材　　质：黄铜合金
直　　径：25mm
边　　厚：1.9mm
重　　量：6.75g
制　　造：沈阳造币厂
发 行 量：1000万枚
发行时间：2010.11.9

背面暗记 HB

中国2010年上海世博会

正面图案：国名、年号、世博会会徽
背面图案：吉祥物“海宝”、背景城市建筑群、面值
侧面图案：叠加组合防伪
连续斜丝齿+RMB
面　　值：1元
材　　质：钢芯镀镍
直　　径：25mm
边　　厚：1.9mm
重　　量：6.75g
制　　造：上海造币厂
发 行 量：6000万枚
发行时间：2010.11.9

中国航天

正面图案：国徽、国名、年号
背面图案：神舟九号航天器、四周为飞天和中国历次航天器，以及由和平鸽演变成的五角星图案、面值
侧面图案：连续斜丝间隔半齿
面　　值：10元
材　　质：双色铜合金
直　　径：27mm
边　　厚：1.9mm
重　　量：6.75g
制　　造：上海造币厂
发 行 量：1亿枚
发行时间：2015.11.26

隐形图案随着观察角度的变化，在五角星与面额数字“10”相互转换。

中国高铁

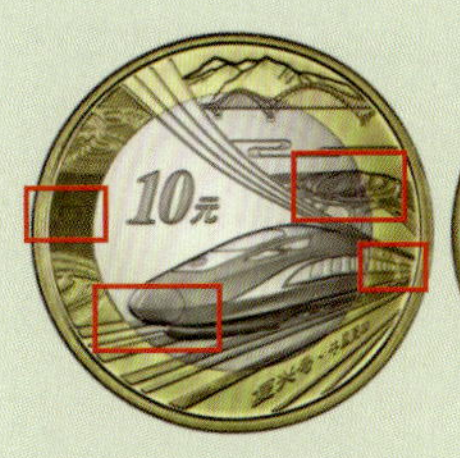

正面图案：国名、国徽、年号
背面图案：大胜关长江大桥、北京南站、面值、“复兴号·中国高铁”文字及高山、梯田、沙漠等
侧面图案：连续斜丝间隔半齿
面　　值：10元
材　　质：外环为黄色铜合金，内芯为镍带复合白铜材料
直　　径：27mm
边　　厚：2.1mm
重　　量：9.17g
制　　造：上海、沈阳造币厂
发 行 量：2亿枚
发行时间：2018.9.3

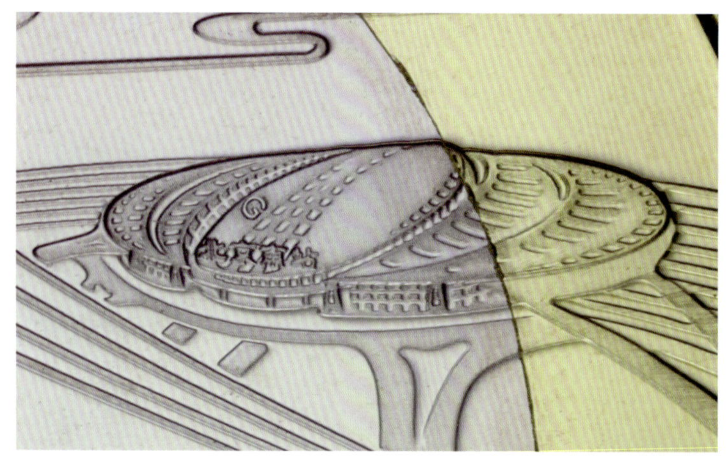

北京南站上方的暗记G

复兴号车身上的暗记T

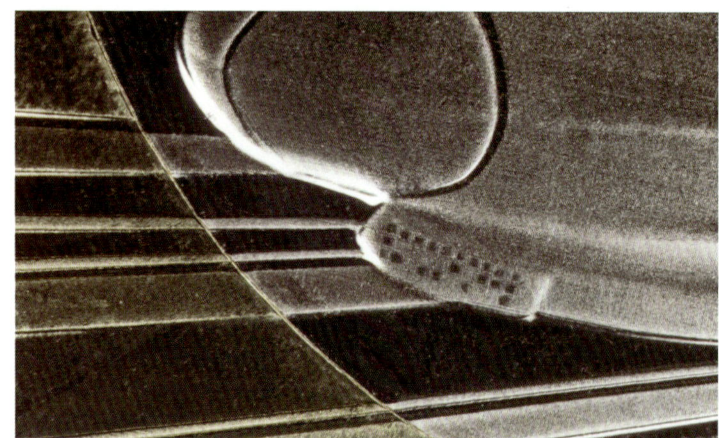

列车头部下方点阵，为机读信息

背面左侧隐形图案为铁路路徽

四、自治区、特区

庆祝西藏自治区成立20周年

正面图案：国名、国徽、年号
背面图案：布达拉宫、汉藏文币名、面值
侧面图案：连续直丝齿
面　　值：1元
材　　质：铜镍合金
直　　径：30mm
边　　厚：1.9mm
重　　量：9.32g
制　　造：上海造币厂
发 行 量：261.2万枚
发行时间：1985.9.1

在布达拉宫顶部、面值1元的左下方，隐约可见的双柱，又叫“小天线”。

四颗小星较大间距较小。

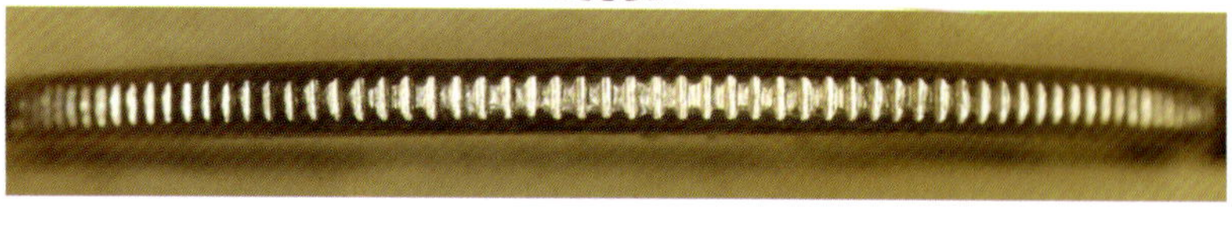

庆祝西藏自治区成立20周年（小星多屋版）

在布达拉宫顶部、面额1元的下方，多出一个像“小屋”的部分，左下方没有双柱。

四颗小星较小间距较大。

庆祝西藏自治区成立20周年（远山小图版）

该版背面布达拉宫山体图案距离外缘较远，比其他版别远了大约 0.5mm。

在布达拉宫顶部、面值 1 元的左下方，有清晰可见的双柱。

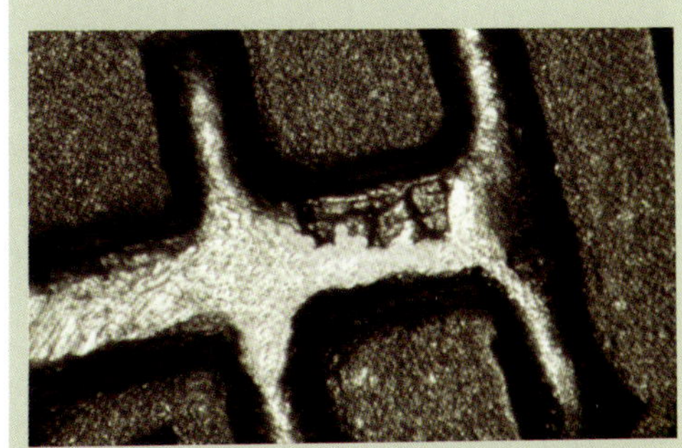

国字里面的玉上有暗记，疑似“民”字。

庆祝西藏自治区成立20周年（高精普制版）

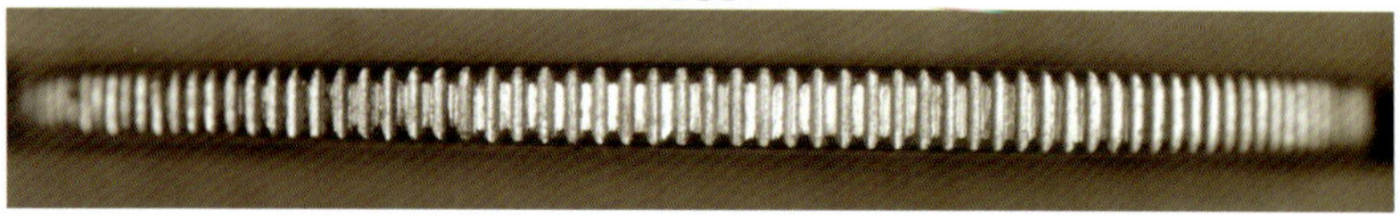

除远山版外其他版别的背面布达拉宫山体图案距离外缘都较近。

该币又称“直角边老西藏”“塑封老西藏”等，与普制币相比，边齿呈直角，底板质量极佳，质感强，绝大多数没有任何瑕疵，图案清晰饱满。

新疆维吾尔自治区成立30周年

正面图案：国名、年号、新疆人民会堂、天山

背面图案：维吾尔族少女手托丰收果实、羊群、民居、现代化工业厂区、面值

侧面图案：连续直丝齿

面　　值：1元

材　　质：铜镍合金

直　　径：30mm

边　　厚：1.9mm

重　　量：9.32g

制　　造：上海造币厂

发 行 量：450万枚

发行时间：1985.10.1

内蒙古自治区成立四十周年

正面图案：国名、年号、内蒙古人大办公楼
背面图案：放牧图、汉蒙文币名、面值、纪年
侧面图案：连续直丝齿
面　　值：1元
材　　质：铜镍合金
直　　径：30mm
边　　厚：1.9mm
重　　量：9.32g
制　　造：沈阳造币厂
发 行 量：905.4万枚
发行时间：1987.7.30

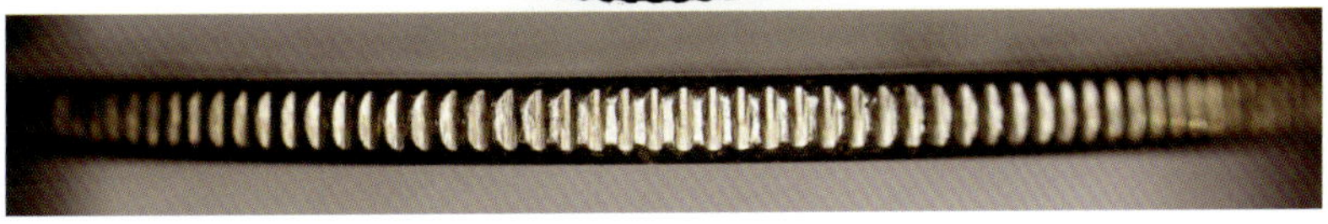

宁夏回族自治区成立三十周年

正面图案：国名、年号、银川南关大清真寺
背面图案：采摘枸杞图、币名、面值、纪年
侧面图案：连续直丝齿
面　　值：1元
材　　质：铜镍合金
直　　径：30mm
边　　厚：1.9mm
重　　量：9.32g
制　　造：沈阳造币厂
发 行 量：156万枚
发行时间：1988.9.20

广西壮族自治区成立三十周年

正面图案：桂林漓江风光、国名、币名、年号
背面图案：壮族歌墟节、英文币名、面值、纪年
侧面图案：连续直丝齿
面　　值：1元
材　　质：铜镍合金
直　　径：30mm
边　　厚：1.9mm
重　　量：9.32g
制　　造：上海造币厂
发 行 量：407.2万枚
发行时间：1988.12.1

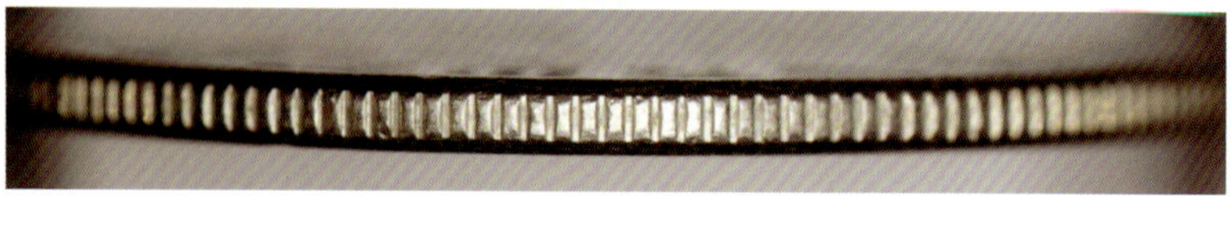

庆祝中华人民共和国香港特别行政区成立
香港风光

正面图案：国名、年号、紫荆花
背面图案：香港风景、币名、面值
侧面图案：间隔直丝齿
面　　值：10元
材　　质：双色铜合金镶嵌
直　　径：25.5mm
边　　厚：1.93mm
重　　量：7.8g
制　　造：沈阳造币厂
发 行 量：2000万枚
发行时间：1997.7.1

为我国第一次采用材质为黄铜合金和白铜合金双色镶嵌的纪念币，首次面值为10元的纪念币。

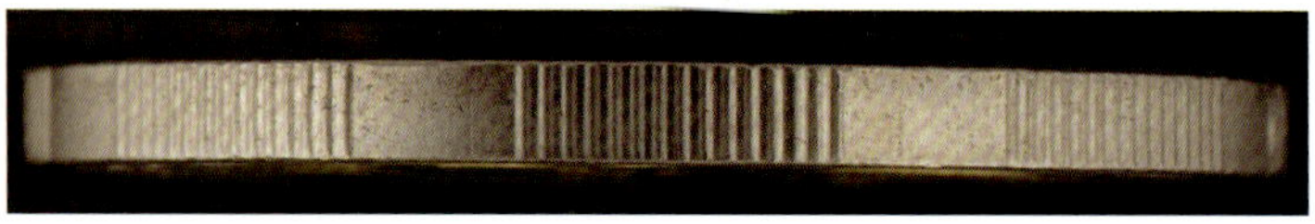

庆祝中华人民共和国香港特别行政区成立
香港基本法

正面图案：国名、年号、紫荆花
背面图案：《中华人民共和国香港特别行政区基本法》、牡丹花、币名、面值
侧面图案：间隔直丝齿
面　　值：10元
材　　质：双色铜合金镶嵌
直　　径：25.5mm
边　　厚：1.93mm
重　　量：7.8g
制　　造：沈阳造币厂
发 行 量：2000万枚
发行时间：1997.7.1

庆祝中华人民共和国澳门特别行政区成立
澳门风光

正面图案：国名、年号、五星荷花
背面图案：澳门风光、长城、和平鸽、币名、面值
侧面图案：间隔直丝齿
面　　值：10元
材　　质：双色铜合金镶嵌
直　　径：25.5mm
边　　厚：1.93mm
重　　量：7.8g
制　　造：沈阳造币厂
发 行 量：2000万枚
发行时间：1999.12.10

庆祝中华人民共和国澳门特别行政区成立 澳门基本法

正面图案：国名、年号、五星荷花
背面图案：《中华人民共和国澳门特别行政区基本法》、币名、面值
侧面图案：间隔直丝齿
面　　值：10元
材　　质：双色铜合金镶嵌
直　　径：25.5mm
边　　厚：1.93mm
重　　量：7.8g
制　　造：沈阳造币厂
发 行 量：2000万枚
发行时间：1999.12.10

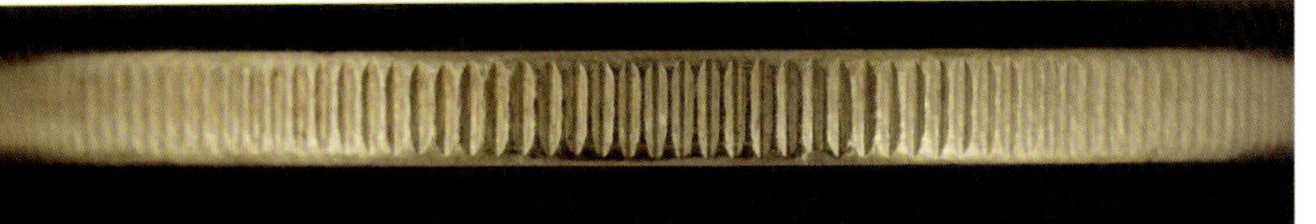

西藏和平解放五十周年

正面图案：国徽、牡丹花、国名、年号
背面图案：币名、布达拉宫、藏族男女舞蹈场景、面值、纪年
侧面图案：连续直丝齿
面　　值：5元
材　　质：黄铜合金
直　　径：30mm
边　　厚：2mm
重　　量：12.8g
制　　造：沈阳造币厂
发 行 量：1000万枚
发行时间：2001.5.23

我国发行的首枚面值5元的黄铜合金纪念币。纪念币背面内缘右侧中部有“五十”类似全息的隐形图文防伪标记。此后发行的纪念币有了简单的喷砂和抛光，普制币工艺水平得到了大幅提升。

五、体育

中华人民共和国第六届运动会 体操

正面图案：国名、币名、会徽
背面图案：体操、年号、面值
侧面图案：连续直丝齿
面　　值：1角
材　　质：铜锌合金
直　　径：20mm
边　　厚：1.3mm
重　　量：2.62g
制　　造：沈阳造币厂
发 行 量：三枚合计1053万枚
发行时间：1987.11.20

中华人民共和国
第六届运动会　足球

正面图案：国名、币名、会徽
背面图案：足球、年号、面值
侧面图案：连续直丝齿
面　　值：1角
材　　质：铜锌合金
直　　径：20mm
边　　厚：1.3mm
重　　量：2.62g
制　　造：沈阳造币厂
发 行 量：三枚合计1053万枚
发行时间：1987.11.20

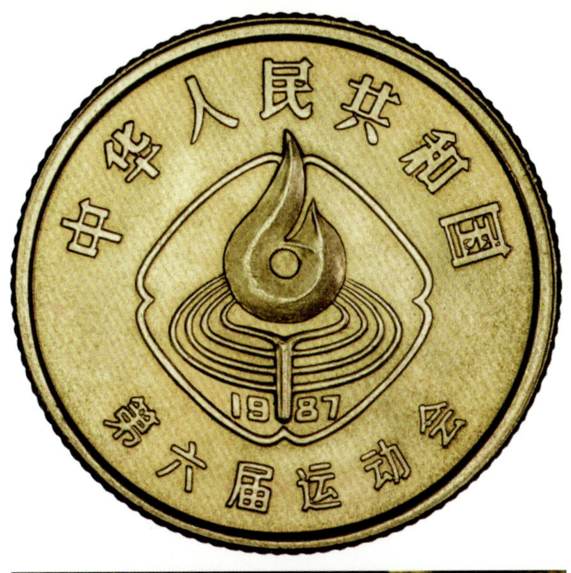

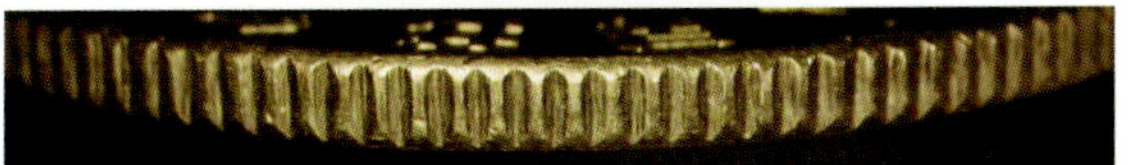

中华人民共和国
第六届运动会　排球

正面图案：国名、币名、会徽
背面图案：排球、年号、面值
侧面图案：连续直丝齿
面　　值：1角
材　　质：铜锌合金
直　　径：20mm
边　　厚：1.3mm
重　　量：2.62g
制　　造：沈阳造币厂
发 行 量：三枚合计1053万枚
发行时间：1987.11.20

第十一届亚洲运动会
舞剑

正面图案：国名、币名、会徽、工人体育场、年号
背面图案：舞剑、面值
侧面图案：连续直丝齿
面　　值：1元
材　　质：钢芯镀镍
直　　径：30mm
边　　厚：1.9mm
重　　量：8.5g
制　　造：上海造币厂
发 行 量：两枚合计2560.8万枚
发行时间：1990.8.22

20世纪80年代初，镍、铜等金属价格的上涨幅度较大，造成制造硬币的有色金属价格超过硬币面值的现象，从而使大量的硬币从流通领域消失或被重新熔化挪作他用。为了降低制造成本，钢芯镀镍等包覆材料被大量用于制造流通硬币，这是我国首枚钢芯镀镍纪念币。

第十一届亚洲运动会 射箭

正面图案：国名、币名、会徽、工人体育场、年号
背面图案：射箭、面值
侧面图案：连续直丝齿
面　　值：1元
材　　质：钢芯镀镍
直　　径：30mm
边　　厚：1.9mm
重　　量：8.5g
制　　造：上海造币厂
发 行 量：两枚合计2560.8万枚
发行时间：1990.8.22

第一届世界女子足球锦标赛　踢球

正面图案：国名、会徽、面值
背面图案：币名、踢球、年号
侧面图案：连续直丝齿
面　　值：壹圆
材　　质：钢芯镀镍
直　　径：25mm
边　　厚：1.7mm
重　　量：5.88g
制　　造：上海造币厂
发 行 量：两枚合计2000万枚
发行时间：1991.11.1

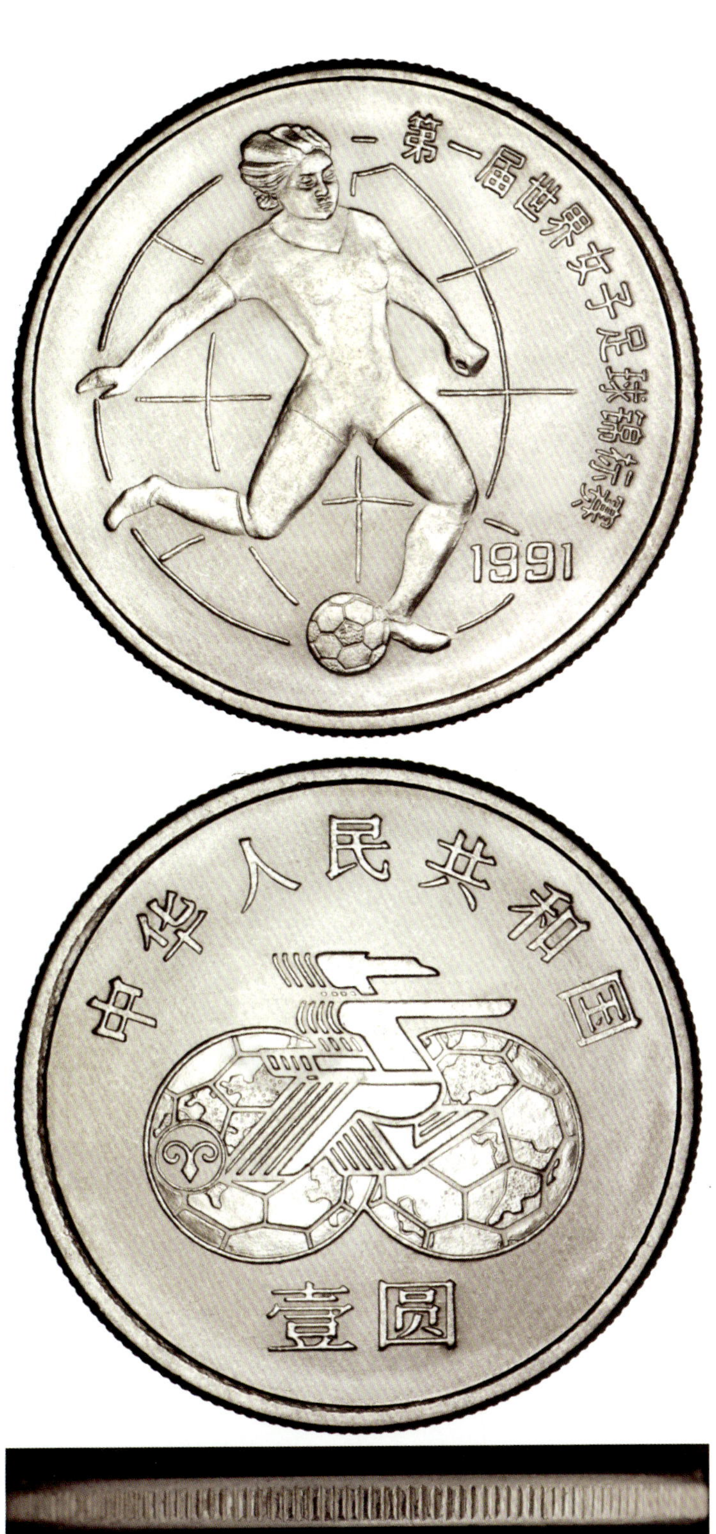

第一届世界女子足球锦标赛　扑球

正面图案：国名、会徽、面值
背面图案：币名、扑球、年号
侧面图案：连续直丝齿
面　　值：壹圆
材　　质：钢芯镀镍
直　　径：25mm
边　　厚：1.7mm
重　　量：5.88g
制　　造：上海造币厂
发 行 量：两枚合计2000万枚
发行时间：1991.11.1

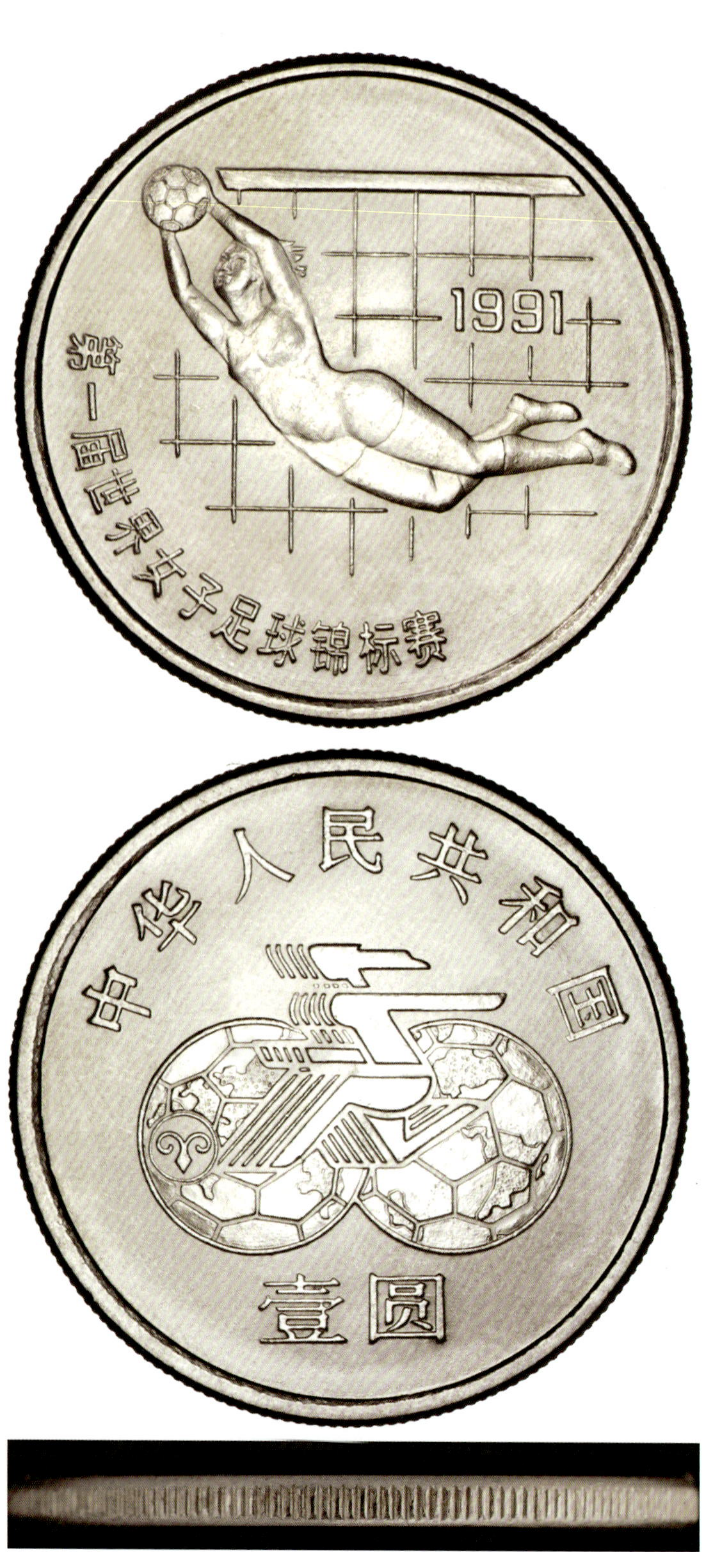

第43届世界乒乓球锦标赛

正面图案：中英文国名、年号、世乒赛会徽和主赛馆
背面图案：中英文币名、女运动员击球、面值
侧面图案：ZHONG GUO ☆☆☆
面　　值：1元
材　　质：钢芯镀镍
直　　径：25mm
边　　厚：1.85mm
重　　量：6.05g
制　　造：上海造币厂
发 行 量：1000万枚
发行时间：1995.4.26

第29届奥林匹克运动会（第一组）　举重

正面图案：国名、会徽、年号、场馆
背面图案：福娃举重、面值及币名
侧面图案：连续斜丝齿间半齿
面　　值：1元
材　　质：黄铜合金
直　　径：25mm
边　　厚：1.9mm
重　　量：6.75g
制　　造：上海造币厂
发 行 量：1000万枚
发行时间：2006.9.20

第29届奥林匹克运动会（第一组）　游泳

正面图案：国名、会徽、年号、场馆
背面图案：福娃游泳、面值及币名
侧面图案：连续斜丝齿间半齿
面　　值：1元
材　　质：黄铜合金
直　　径：25mm
边　　厚：1.9mm
重　　量：6.75g
制　　造：沈阳造币厂
发 行 量：1000万枚
发行时间：2006.9.20

第29届奥林匹克运动会（第二组） 体操

正面图案：国名、会徽、年号、场馆
背面图案：福娃鞍马、面值及币名
侧面图案：连续斜丝齿间半齿
面　　值：1元
材　　质：黄铜合金
直　　径：25mm
边　　厚：1.9mm
重　　量：6.75g
制　　造：沈阳造币厂
发 行 量：1000万枚
发行时间：2007.6.20

第29届奥林匹克运动会（第二组）　射箭

正面图案：国名、会徽、年号、场馆
背面图案：福娃射箭、面值及币名
侧面图案：连续斜丝齿间半齿
面　　值：1元
材　　质：黄铜合金
直　　径：25mm
边　　厚：1.9mm
重　　量：6.75g
制　　造：沈阳造币厂
发 行 量：1000万枚
发行时间：2007.6.20

第29届奥林匹克运动会（第二组） 乒乓球

正面图案：国名、会徽、年号、场馆
背面图案：福娃打乒乓球、面值及币名
侧面图案：连续斜丝齿间半齿
面　　值：1元
材　　质：黄铜合金
直　　径：25mm
边　　厚：1.9mm
重　　量：6.75g
制　　造：上海造币厂
发 行 量：1000万枚
发行时间：2007.6.20

第29届奥林匹克运动会（第三组） 足球

正面图案：国名、会徽、年号、场馆
背面图案：福娃踢足球、面值及币名
侧面图案：连续斜丝齿间半齿
面　　值：1元
材　　质：黄铜合金
直　　径：25mm
边　　厚：1.9mm
重　　量：6.75g
制　　造：沈阳造币厂
发 行 量：1000万枚
发行时间：2008.6.18

第29届奥林匹克运动会（第三组） 击剑

正面图案：国名、会徽、年号、场馆
背面图案：福娃击剑、面值及币名
侧面图案：连续斜丝齿间半齿
面　　值：1元
材　　质：黄铜合金
直　　径：25mm
边　　厚：1.9mm
重　　量：6.75g
制　　造：上海造币厂
发 行 量：1000万枚
发行时间：2008.6.18

第29届奥林匹克运动会（第三组）　现代五项

正面图案：国名、会徽、年号、场馆
背面图案：福娃现代五项、面值及币名
侧面图案：连续斜丝齿间半齿
面　　值：1元
材　　质：黄铜合金
直　　径：25mm
边　　厚：1.9mm
重　　量：6.75g
制　　造：沈阳造币厂
发 行 量：1000万枚
发行时间：2008.6.18

全斜齿间半齿：

进入21世纪，我国造币技术有了长足的进步，通常金属硬币边缘的连续丝齿是与硬币轴径方向相垂直的，但连续斜丝齿却与硬币的轴径有一定的角度。这给硬币压印带来了很大的困难，增大了硬币的制造难度，提高了硬币的技术含量和防伪水平。“第29届奥林匹克运动会”以及以后发行的纪念币很多都采用了此项工艺。这是由我国自主研发的一种防伪工艺，具有完全自主知识产权。这一技术的应用表明我国造币技术达到了世界先进水平。

隐形图案：

运用计算机将两个不同的图案编程处理后雕刻在同一部位的两个侧面，当光线发生变化时呈现出不同的图案。该技术加工精度极高，大大提高了防伪水平。

第29届奥运会流通纪念币隐形雕刻体现在背面图案中：在福娃下方采用了隐形数字图案防伪，即正视时看不到明显的数字图案，在右视时可看到的是“奥林匹克五环”标志，而在左视时，在同一位置看到的是“2008”纪年。

六、人物

宋庆龄诞辰100周年

正面图案：国名、年号、面值、宋庆龄上海故居
背面图案：宋庆龄头像、币名
侧面图案：光边圆柱
面　　值：壹圆
材　　质：钢芯镀镍
直　　径：25mm
边　　厚：1.85mm
重　　量：6.05g
制　　造：上海造币厂
发 行 量：1044.8万枚
发行时间：1993.1.16

毛泽东诞辰100周年

正面图案：国名、年号、面值、毛泽东湖南韶山故居
背面图案：毛泽东侧面头像、币名
侧面图案：ZHONG GUO　☆☆☆
面　　值：壹圆
材　　质：钢芯镀镍
直　　径：25mm
边　　厚：1.85mm
重　　量：6.05g
制　　造：上海造币厂
发 行 量：2000万枚
发行时间：1993.12.26

它是中国首枚采用周边滚字防伪技术的钱币。

朱德诞辰110周年

正面图案：国名、年号、面值、朱德故居
背面图案：朱德头像、币名
侧面图案：ZHONG GUO ☆☆☆
面　　值：壹圆
材　　质：钢芯镀镍
直　　径：25mm
边　　厚：1.85mm
重　　量：6.05g
制　　造：上海造币厂
发 行 量：1000万枚
发行时间：1996.11.27

周恩来诞辰100周年

正面图案：国名、年号、币值、
　　　　　周恩来淮安故居
背面图案：周恩来侧面头像、币名
侧面图案：ZHONG GUO　☆☆☆
面　　值：壹圆
材　　质：钢芯镀镍
直　　径：25mm
边　　厚：1.85mm
重　　量：6.05g
制　　造：上海造币厂
发 行 量：2000万枚
发行时间：1998.3.2

刘少奇诞辰100周年

正面图案：国名、年号、币值、刘少奇湖南花明楼故居
背面图案：刘少奇头像、币名
侧面图案：ZHONG GUO　☆☆☆
面　　值：壹圆
材　　质：钢芯镀镍
直　　径：25mm
边　　厚：1.85mm
重　　量：6.05g
制　　造：上海造币厂
发 行 量：2000万枚
发行时间：1998.11.21

邓小平诞辰100周年

正面图案：国名、年号、币值、邓小平故居
背面图案：邓小平头像、币名
侧面图案：RMB
面　　值：壹圆
材　　质：钢芯镀镍
直　　径：25mm
边　　厚：1.85mm
重　　量：6.05g
制　　造：上海造币厂
发 行 量：1000万枚
发行时间：2004.8.22

陈云诞辰100周年

正面图案：国名、年号、币值、
　　　　　上海青浦陈云故居
背面图案：陈云头像、币名
侧面图案：RMB
面　　值：壹圆
材　　质：钢芯镀镍
直　　径：25mm
边　　厚：1.85mm
重　　量：6.05g
制　　造：上海造币厂
发 行 量：1000万枚
发行时间：2005.6.13

孙中山先生诞辰150周年

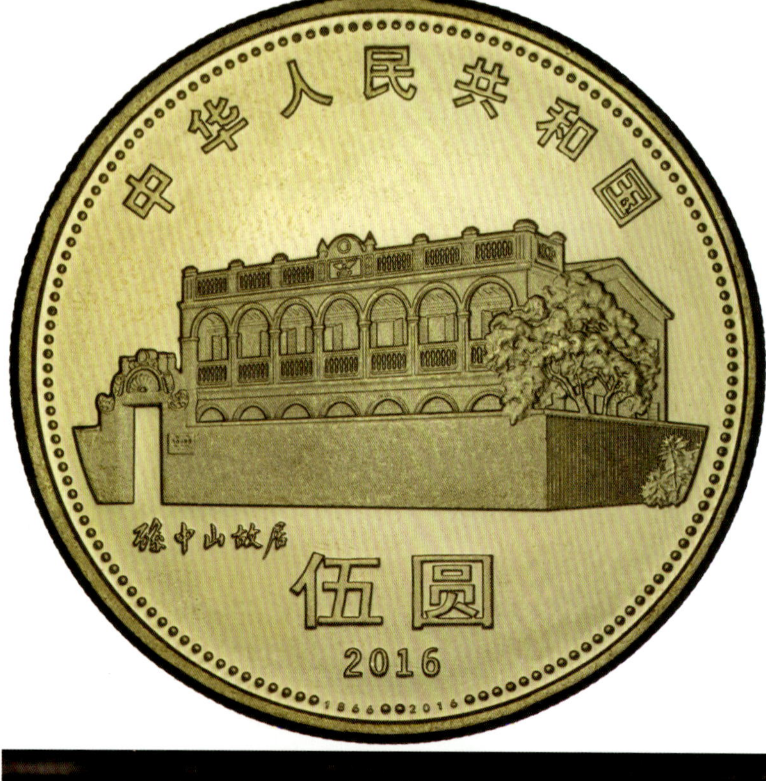

正面图案：国名、年号、面值、广东中山市孙中山故居
背面图案：孙中山先生头像、币名
侧面图案：连续直丝间隔半齿
面　　值：伍圆
材　　质：铜合金
直　　径：30mm
边　　厚：2.5mm
重　　量：13g
制　　造：沈阳、南京造币厂
发 行 量：3亿枚
发行时间：2016.11.5

随着观察角度的变化，可见150隐形图案。

七、中国珍稀野生动物

中国珍稀野生动物
——大熊猫

正面图案：国徽、中文及拼音国名、年号
背面图案：两只食竹嬉戏的熊猫、币名、面值
侧面图案：间断直丝齿
面　　值：5元
材　　质：紫铜合金
直　　径：32mm
边　　厚：2mm
重　　量：13.5g
制　　造：沈阳造币厂
发 行 量：600万枚
发行时间：1993.6.15

珍稀动物币侧面图案全部相同

中国珍稀野生动物
——金丝猴

正面图案：国徽、中文及拼音国名、年号
背面图案：一只坐在树上的金丝猴、币名、面值
侧面图案：间断直丝齿
面　　值：5元
材　　质：紫铜合金
直　　径：32mm
边　　厚：2mm
重　　量：13.5g
制　　造：沈阳造币厂
发 行 量：600万枚
发行时间：1995.11.16

中国珍稀野生动物
——白鳍豚

正面图案：国徽、中文及拼音国名、年号
背面图案：两只白鳍豚戏水、币名、面值
侧面图案：间断直丝齿
面　　值：5元
材　　质：紫铜合金
直　　径：32mm
边　　厚：2mm
重　　量：13.5g
制　　造：沈阳造币厂
发 行 量：600万枚
发行时间：1996.12.18

中国珍稀野生动物——华南虎

正面图案：国徽、中文及拼音国名、年号
背面图案：立于岩石上的华南虎、币名、面值
侧面图案：间断直丝齿
面　　值：5元
材　　质：紫铜合金
直　　径：32mm
边　　厚：2mm
重　　量：13.5g
制　　造：沈阳造币厂
发 行 量：600万枚
发行时间：1996.12.18

中国珍稀野生动物
——朱鹮

正面图案：国徽、中文及拼音国名、年号
背面图案：一只朱鹮站在树枝上、币名、面值
侧面图案：间断直丝齿
面　　值：5元
材　　质：紫铜合金
直　　径：32mm
边　　厚：2mm
重　　量：13.5g
制　　造：沈阳造币厂
发 行 量：600万枚
发行时间：1997.6.2

中国珍稀野生动物
——丹顶鹤

正面图案：国徽、中文及拼音国名、年号
背面图案：一只丹顶鹤站在水草地中、币名、面值
侧面图案：间断直丝齿
面　　值：5元
材　　质：紫铜合金
直　　径：32mm
边　　厚：2mm
重　　量：13.5g
制　　造：沈阳造币厂
发 行 量：600万枚
发行时间：1997.6.2

中国珍稀野生动物
——褐马鸡

正面图案：国徽、中文及拼音国名、年号
背面图案：一只雄性褐马鸡站在地上、币名、面值
侧面图案：间断直丝齿
面　　值：5元
材　　质：紫铜合金
直　　径：32mm
边　　厚：2mm
重　　量：13.5g
制　　造：沈阳造币厂
发 行 量：600万枚
发行时间：1998.10.23

中国珍稀野生动物
——扬子鳄

正面图案：国徽、中文及拼音国名、年号
背面图案：一只静卧在沼泽地的扬子鳄、币名、面值
侧面图案：间断直丝齿
面　　值：5元
材　　质：紫铜合金
直　　径：32mm
边　　厚：2mm
重　　量：13.5g
制　　造：沈阳造币厂
发 行 量：600万枚
发行时间：1998.10.23

中国珍稀野生动物
——中华鲟

正面图案：国徽、中文及拼音国名、年号
背面图案：一条成年雄性中华鲟、币名、面值
侧面图案：间断直丝齿
面　　值：5元
材　　质：紫铜合金
直　　径：32mm
边　　厚：2mm
重　　量：13.5g
制　　造：沈阳造币厂
发 行 量：600万枚
发行时间：1999.7.15

中国珍稀野生动物
——金斑喙凤蝶

正面图案：国徽、中文及拼音国名、年号
背面图案：雄性金斑喙凤蝶和野生的杜鹃花、币名、面值
侧面图案：间断直丝齿
面　　值：5元
材　　质：紫铜合金
直　　径：32mm
边　　厚：2mm
重　　量：13.5g
制　　造：沈阳造币厂
发 行 量：600万枚
发行时间：1999.7.15

八、世界文化遗产

文化遗产币侧面图案全部相同

世界文化遗产
万里长城

正面图案：国名、国徽、年号
背面图案：长城烽火台、群山和长城、币名、面值
侧面图案：连续直丝齿
面　　值：5元
材　　质：黄铜合金
直　　径：30mm
边　　厚：2mm
重　　量：12.8g
制　　造：沈阳造币厂
发 行 量：1000万枚
发行时间：2002.10.25

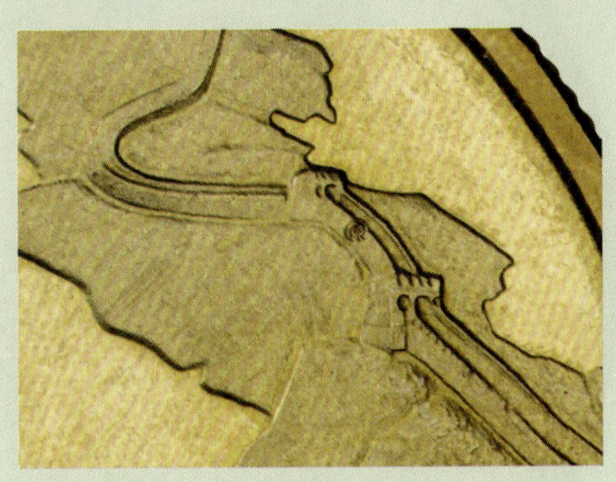

在钱币的背面图案中嵌有“世界文化遗产”标志暗记。

世界文化遗产
秦始皇陵及兵马俑坑

正面图案：国名、国徽、年号
背面图案：将军俑特写、兵马俑坑、币名、面值
侧面图案：连续直丝齿
面　　值：5元
材　　质：黄铜合金
直　　径：30mm
边　　厚：2mm
重　　量：12.8g
制　　造：沈阳造币厂
发 行 量：1000万枚
发行时间：2002.10.25

“世界文化遗产”标志

在钱币的背面图案中嵌有“世界文化遗产”标志暗记。

世界文化遗产
明清故宫

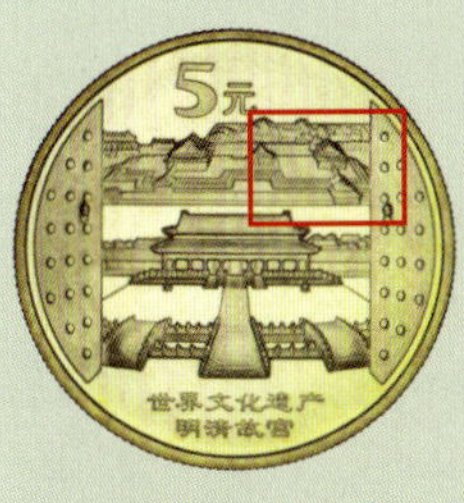

正面图案：国名、国徽、年号
背面图案：故宫太和门和金水桥、币名、面值
侧面图案：连续直丝齿
面　　值：5元
材　　质：黄铜合金
直　　径：30mm
边　　厚：2mm
重　　量：12.8g
制　　造：沈阳造币厂
发 行 量：800万枚
发行时间：2003.11.18

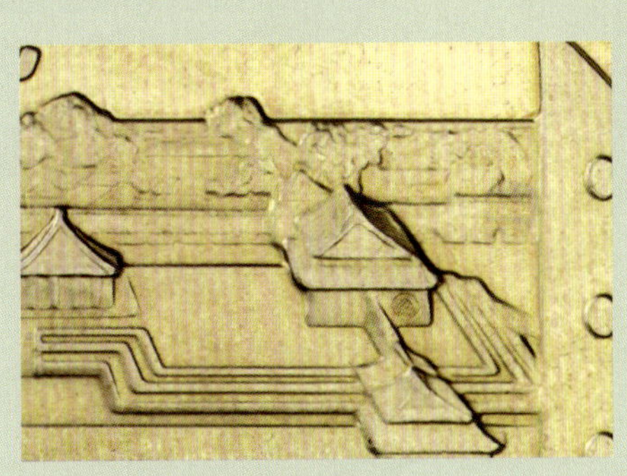

在钱币的背面图案中嵌有“世界文化遗产”标志暗记。

世界文化遗产
曲阜孔庙孔林孔府

正面图案：国名、国徽、年号
背面图案：孔庙大成殿、万古长春坊、币名、面值
侧面图案：连续直丝齿
面　　值：5元
材　　质：黄铜合金
直　　径：30mm
边　　厚：2mm
重　　量：12.8g
制　　造：沈阳造币厂
发 行 量：800万枚
发行时间：2003.11.18

在钱币的背面图案中嵌有“世界文化遗产”标志暗记。

世界文化遗产
苏州古典园林

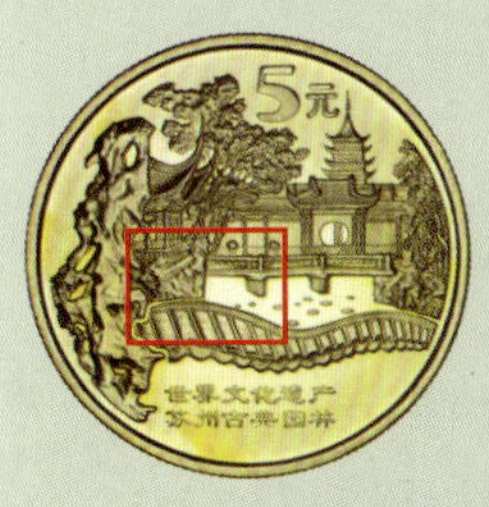

正面图案：国名、国徽、年号
背面图案：苏州拙政园亭台楼阁和泉石花木、币名、面值
侧面图案：连续直丝齿
面　　值：5元
材　　质：黄铜合金
直　　径：30mm
边　　厚：2mm
重　　量：12.8g
制　　造：沈阳造币厂
发 行 量：600万枚
发行时间：2004.11.8

在钱币的背面图案中嵌有“世界文化遗产”标志暗记。

世界文化遗产
周口店“北京人”遗址

正面图案：国名、国徽、年号
背面图案：周口店“北京人”复原像和周口店遗址、币名、面值
侧面图案：连续直丝齿
面　　值：5元
材　　质：黄铜合金
直　　径：30mm
边　　厚：2mm
重　　量：12.8g
制　　造：沈阳造币厂
发 行 量：600万枚
发行时间：2004.11.8

在钱币的背面图案中嵌有“世界文化遗产”标志暗记。

世界文化遗产
丽江古城

正面图案：国名、国徽、年号
背面图案：玉龙雪山下丽江古城、币名、面值
侧面图案：连续直丝齿
面　　值：5元
材　　质：黄铜合金
直　　径：30mm
边　　厚：2mm
重　　量：12.8g
制　　造：沈阳造币厂
发 行 量：800万枚
发行时间：2005.5.12

在钱币的背面图案中嵌有“世界文化遗产”标志暗记。

世界文化遗产
青城山与都江堰

正面图案：国名、国徽、年号
背面图案：都江堰水利工程主体部分宝瓶口、币名、面值
侧面图案：连续直丝齿
面　　值：5元
材　　质：黄铜合金
直　　径：30mm
边　　厚：2mm
重　　量：12.8g
制　　造：沈阳造币厂
发 行 量：800万枚
发行时间：2005.5.12

在钱币的背面图案中嵌有“世界文化遗产”标志暗记。

世界文化遗产
龙门石窟

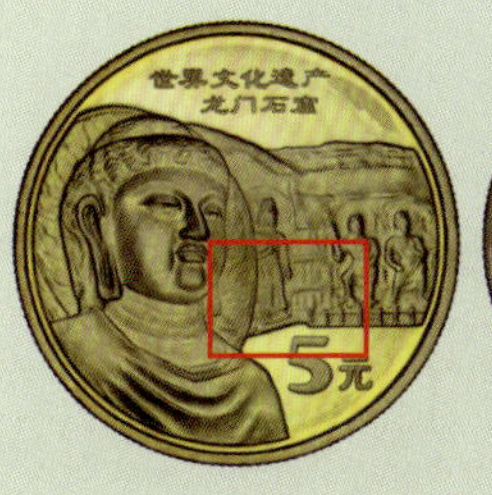

正面图案：国名、国徽、年号
背面图案：卢舍那大佛、奉先寺中的天王、力士、币名、面值
侧面图案：连续直丝齿
面　　值：5元
材　　质：黄铜合金
直　　径：30mm
边　　厚：2mm
重　　量：12.8g
制　　造：沈阳造币厂
发 行 量：1000万枚
发行时间：2006.11.28

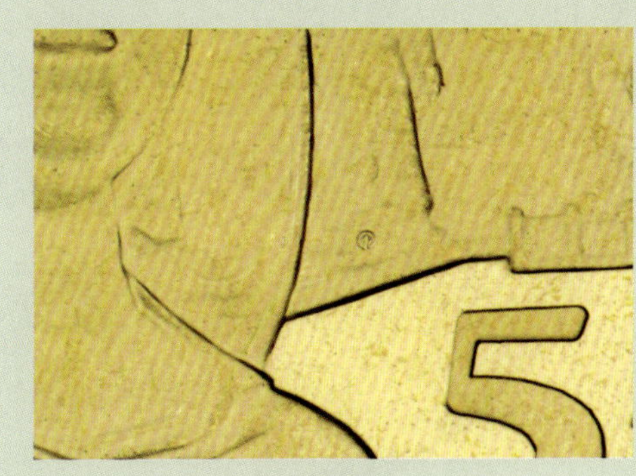

在钱币的背面图案中嵌有“世界文化遗产”标志暗记。

中华人民共和国
2006

世界文化遗产
颐和园

正面图案：国名、国徽、年号
背面图案：颐和园万寿山、佛香阁、石舫、币名、面值
侧面图案：连续直丝齿
面　　值：5元
材　　质：黄铜合金
直　　径：30mm
边　　厚：2mm
重　　量：12.8g
制　　造：沈阳造币厂
发 行 量：1000万枚
发行时间：2006.11.28

在钱币的背面图案中嵌有“世界文化遗产”标志暗记。

九、世界文化和自然遗产

世界文化和自然遗产
泰山

正面图案：国徽、国名、年号、泰山
背面图案：币名、面值、泰山松柏、日出、挑山工、泰山石刻、南天门、十八盘以及玉皇顶等
侧面图案：直齿
面　　值：5元
材　　质：黄铜合金
直　　径：30mm（圆角正方形）
边　　厚：2.3mm
重　　量：11.5g
制　　造：沈阳、南京造币厂
发 行 量：1.2亿枚
发行时间：2019.11.28

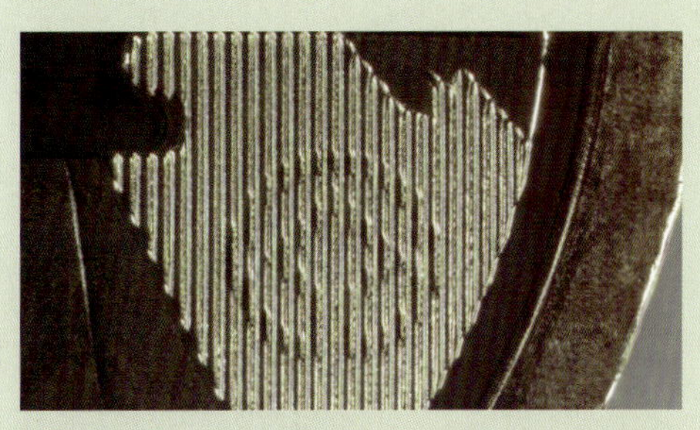

背面右下侧有世界文化遗产标志隐形图案，以及山体上有微缩文字“T”“S”。

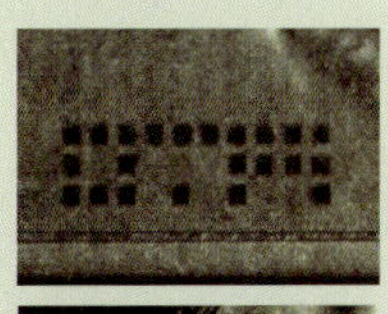

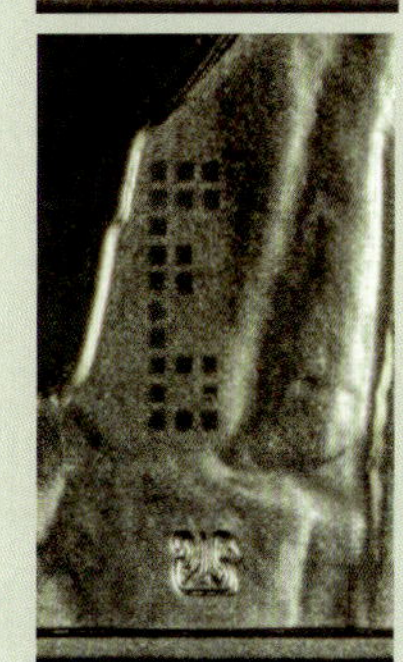

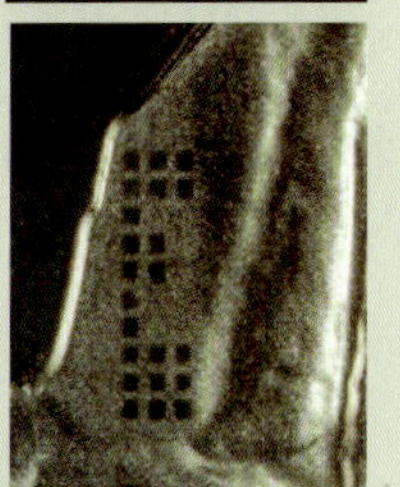

南京生产　　沈阳生产

背面左下侧和下中部的机读信息。

十、宝岛台湾

宝岛台湾
朝天宫

正面图案：国名、国徽、年号
背面图案：朝天宫、树木、灯笼、币名、面值
侧面图案：连续直丝齿
面　　值：5元
材　　质：黄铜合金
直　　径：30mm
边　　厚：2mm
重　　量：12.8g
制　　造：沈阳造币厂
发 行 量：1000万枚
发行时间：2003.9.30

宝岛台湾系列纪念币正面内缘都有“宝岛台湾”微形雕刻汉语拼音大写字母“BAO DAO TAI WAN”，共4组，均匀地分布在内缘四周，在背面的不同地方，均藏有字母T的暗记符号。

钱币背面藏有T字暗记符号。

宝岛台湾币侧面图案全部相同

宝岛台湾
赤嵌楼

正面图案：国名、国徽、年号
背面图案：赤嵌楼、树木、石碑、币名、面值
侧面图案：连续直丝齿
面　　值：5元
材　　质：黄铜合金
直　　径：30mm
边　　厚：2mm
重　　量：12.8g
制　　造：沈阳造币厂
发 行 量：1000万枚
发行时间：2003.9.30

钱币背面藏有T字暗记符号。

宝岛台湾
鹅銮鼻

正面图案：国名、国徽、年号
背面图案：大灯塔、海岸线、飞渔船、树木、币名、面值
侧面图案：连续直丝齿
面　　值：5元
材　　质：黄铜合金
直　　径：30mm
边　　厚：2mm
重　　量：12.8g
制　　造：沈阳造币厂
发 行 量：1000万枚
发行时间：2004.5.10

背面藏有 T 字暗记符号。

宝岛台湾
日月潭

正面图案：国名、国徽、年号
背面图案：光华岛、热带植物、群山、水鸟、币名、面值
侧面图案：连续直丝齿
面　　值：5元
材　　质：黄铜合金
直　　径：30mm
边　　厚：2mm
重　　量：12.8g
制　　造：沈阳造币厂
发 行 量：1000万枚
发行时间：2004.5.10

钱币背面藏有 T 字暗记符号。

宝岛台湾
敬字亭

正面图案：国名、国徽、年号
背面图案：龙潭圣迹亭、老树、相思林、币名、面值
侧面图案：连续直丝齿
面　　值：5元
材　　质：黄铜合金
直　　径：30mm
边　　厚：2mm
重　　量：12.8g
制　　造：沈阳造币厂
发 行 量：1000万枚
发行时间：2005.10.28

钱币背面藏有 T 字暗记符号。

十一、“和”字书法

“和”字书法（第一组）　篆书

正面图案：国名、国徽、面值、年号
背面图案：篆书“和”字衬以飞白、内缘左侧有“和”字的五种写法
侧面图案：斜全齿间隔半齿
面　　值：壹圆
材　　质：黄铜合金
直　　径：25mm
边　　厚：1.9mm
重　　量：6.75g
制　　造：沈阳造币厂
发 行 量：1000万枚
发行时间：2009.11.26

“和”字书法纪念币跟以往的纪念币相比，第一次在黄铜合金币上出现大写“壹圆”，首次在正面图案上同时出现国名、国徽、面值和年号；最早在币边上出现长短相间的全齿间隔半齿和斜全齿间隔半齿图案。

每一枚币背面主景图案“和”字下方靠近清边的飞白处，可见清晰阴文“HE”汉语拼音字母字样的微缩文字。

“和”字书法（第二组） 隶书

正面图案：国名、国徽、面值、年号
背面图案：隶书“和”字衬以飞白、内缘上方有“和”字的五种写法
侧面图案：斜全齿间隔半齿
面　　值：壹圆
材　　质：黄铜合金
直　　径：25mm
边　　厚：1.9mm
重　　量：6.75g
制　　造：沈阳造币厂
发 行 量：1000万枚
发行时间：2010.11.9

“和”字书法（第三组）　行书

正面图案：国名、国徽、面值、年号
背面图案：行书“和”字衬以飞白，内缘右上方有“和”字的五种写法
侧面图案：全齿间隔半齿
面　　值：伍圆
材　　质：黄铜合金
直　　径：30mm
边　　厚：2.5mm
重　　量：13g
制　　造：沈阳造币厂
发 行 量：1000万枚
发行时间：2013.9.23

隐形图案“和”字。

"和"字书法（第四组） 草书

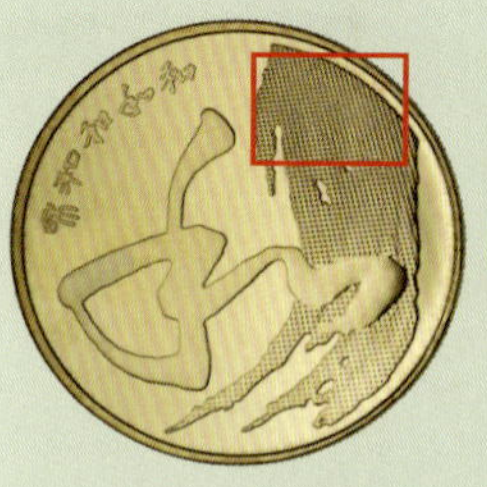

正面图案：国名、国徽、面值、年号
背面图案：草书"和"字衬以飞白、内缘左上方有"和"字的五种写法
侧面图案：全齿间隔半齿
面　　值：伍圆
材　　质：黄铜合金
直　　径：30mm
边　　厚：2.5mm
重　　量：13g
制　　造：沈阳造币厂
发 行 量：1000万枚
发行时间：2014.9.25

隐形图案"和"字。

“和”字书法
（第五组）　楷书

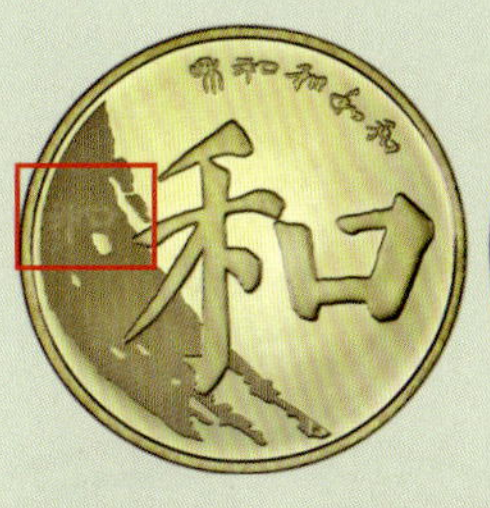

正面图案：国名、国徽、面值、年号
背面图案：楷书“和”字衬以飞白、内缘右上方有“和”字的五种写法
侧面图案：全齿间隔半齿
面　　值：伍圆
材　　质：黄铜合金
直　　径：30mm
边　　厚：2.5mm
重　　量：13g
制　　造：沈阳造币厂
发 行 量：2.5亿枚
发行时间：2017.12.13

隐形图案“和”字。

十二、生肖

2003羊年“癸未”生肖贺岁

正面图案：行名、汉字和拼音字母面值、年号
背面图案：儿童打灯笼、礼花、“癸未”纪年
侧面图案：RMB
面　　值：1元
材　　质：黄铜合金
直　　径：25mm
边　　厚：1.93mm
重　　量：6.75g
制　　造：沈阳造币厂
发 行 量：1000万枚
发行时间：2003.1.16

第一轮生肖币侧面图案全部相同。

2004猴年“甲申”生肖贺岁

正面图案：行名、汉字和拼音字母
面值、年号
背面图案：儿童放风筝、“甲申”纪年
侧面图案：RMB
面　　值：1元
材　　质：黄铜合金
直　　径：25mm
边　　厚：1.93mm
重　　量：6.75g
制　　造：沈阳造币厂
发 行 量：1000万枚
发行时间：2004.1.6

2005鸡年“乙酉”生肖贺岁

正面图案：行名、汉字和拼音字母
　　　　　面值、年号
背面图案：儿童戏小鸟、母鸡、“乙酉”纪年
侧面图案：RMB
面　　值：1元
材　　质：黄铜合金
直　　径：25mm
边　　厚：1.93mm
重　　量：6.75g
制　　造：沈阳造币厂
发 行 量：1000万枚
发行时间：2005.1.26

2006狗年“丙戌”生肖贺岁

正面图案：行名、汉字和拼音字母面值、年号
背面图案：儿童滑雪、小狗、“丙戌”纪年
侧面图案：RMB
面　　值：1元
材　　质：黄铜合金
直　　径：25mm
边　　厚：1.93mm
重　　量：6.75g
制　　造：沈阳造币厂
发 行 量：1000万枚
发行时间：2006.1.6

2007猪年“丁亥”生肖贺岁

正面图案：行名、汉字和拼音字母面值、年号
背面图案：荡秋千的小女孩、小猪、“丁亥”纪年
侧面图案：RMB
面　　值：1元
材　　质：黄铜合金
直　　径：25mm
边　　厚：1.93mm
重　　量：6.75g
制　　造：沈阳造币厂
发 行 量：1000万枚
发行时间：2007.2.1

2008鼠年“戊子”生肖贺岁

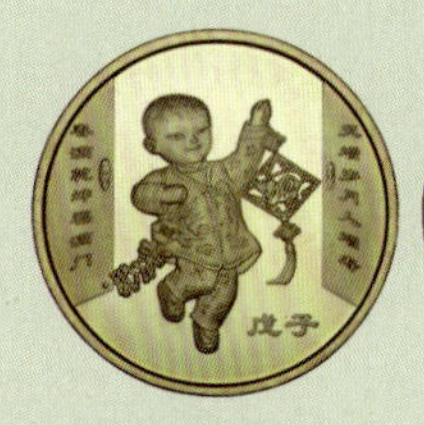

正面图案：行名、汉字和拼音字母面值、年号
背面图案：男孩开门迎新年、“戊子”纪年
侧面图案：RMB
面　　值：1元
材　　质：黄铜合金
直　　径：25mm
边　　厚：1.93mm
重　　量：6.75g
制　　造：沈阳造币厂
发 行 量：1000万枚
发行时间：2008.1.16

2009牛年“己丑”生肖贺岁

正面图案：行名、汉字和拼音字母面值、年号
背面图案：男孩在吹牧笛、金牛献宝、“己丑”纪年
侧面图案：RMB
面　　值：1元
材　　质：黄铜合金
直　　径：25mm
边　　厚：1.93mm
重　　量：6.75g
制　　造：沈阳造币厂
发 行 量：3000万枚
发行时间：2009.11.26

2010虎年“庚寅”生肖贺岁

正面图案：行名、汉字和拼音字母面值、年号
背面图案：男孩打腰鼓、放鞭炮、布老虎、“庚寅”纪年
侧面图案：RMB
面　　值：1元
材　　质：黄铜合金
直　　径：25mm
边　　厚：1.93mm
重　　量：6.75g
制　　造：沈阳造币厂
发 行 量：3000万枚
发行时间：2010.11.9

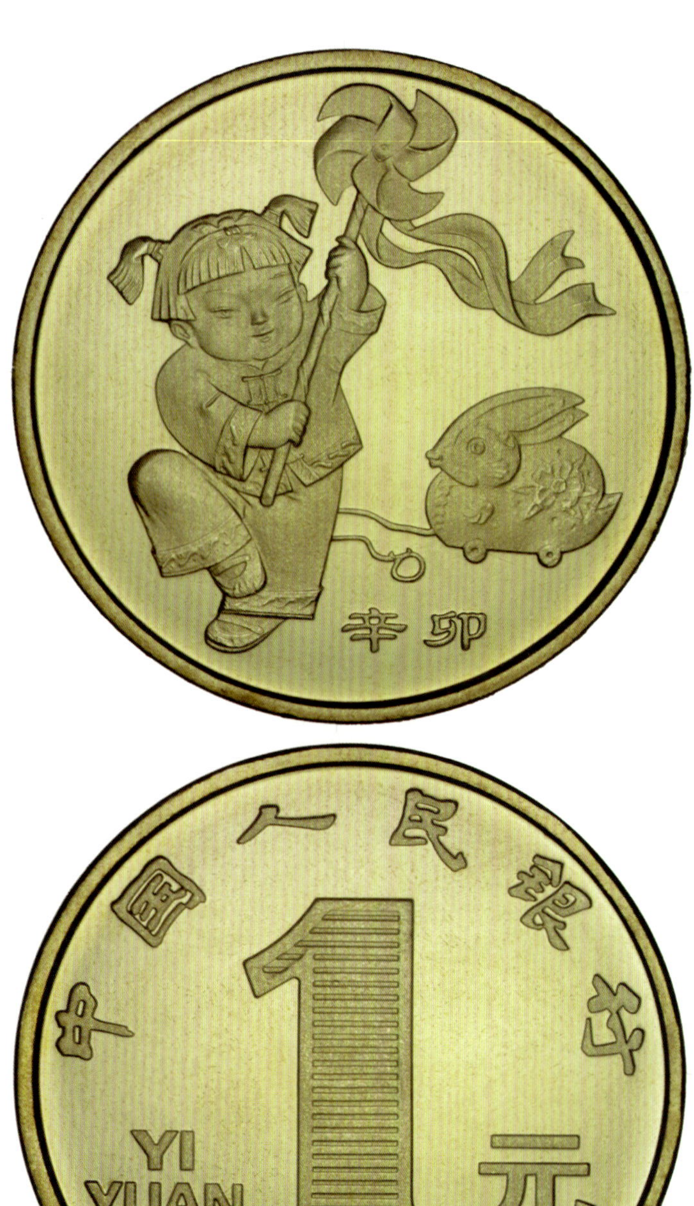

2011兔年“辛卯”生肖贺岁

正面图案：行名、汉字和拼音字母面值、年号

背面图案：女孩在玩风车和兔灯、“辛卯”纪年

侧面图案：RMB

面　　值：1元

材　　质：黄铜合金

直　　径：25mm

边　　厚：1.93mm

重　　量：6.75g

制　　造：沈阳造币厂

发 行 量：3000万枚

发行时间：2011.6.16

2012龙年“壬辰”生肖贺岁

正面图案：行名、汉字和拼音字母面值、年号
背面图案：小男孩在舞龙灯、“壬辰”纪年
侧面图案：RMB
面　　额：1元
材　　质：黄铜合金
直　　径：25mm
边　　厚：1.93mm
重　　量：6.75g
制　　造：沈阳造币厂
发 行 量：8000万枚
发行时间：2012.8.28

2013蛇年“癸巳”生肖贺岁

正面图案：行名、汉字和拼音字母面值、年号
背面图案：小男孩手持玩具蛇与放风筝的小女孩在嬉戏、“癸巳”纪年
侧面图案：RMB
面　　值：1元
材　　质：黄铜合金
直　　径：25mm
边　　厚：1.93mm
重　　量：6.75g
制　　造：沈阳造币厂
发 行 量：8000万枚
发行时间：2013.1.9

2014马年“甲午”生肖贺岁

正面图案：行名、汉字和拼音字母面值、年号
背面图案：骑在木马上的小女孩手持“吉庆有余”挂饰、“甲午”纪年
侧面图案：RMB
面　　值：1元
材　　质：黄铜合金
直　　径：25mm
边　　厚：1.93mm
重　　量：6.75g
制　　造：沈阳造币厂
发 行 量：1亿枚
发行时间：2013.12.24

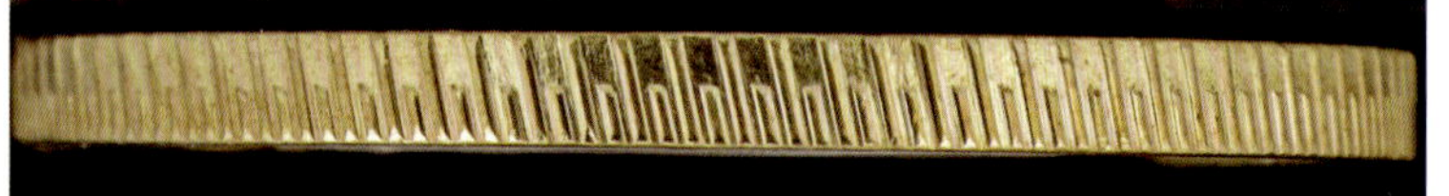

2015羊年“乙未”生肖贺岁

正面图案：行名、汉字和拼音字母面值、年号
背面图案：传统装饰造型的小山羊、宫灯、花朵、“乙未”纪年
侧面图案：斜全齿间隔半齿
面　　值：10元
材　　质：双色铜合金
直　　径：27mm
边　　厚：2.09mm
重　　量：9.16g
制　　造：沈阳造币厂
发 行 量：8000万枚
发行时间：2015.2.6

羊腿上有一处暗记防伪，就是隐藏的花体字母“RMB”。

已发行的第二轮生肖币侧面图案全部相同

2016猴年“丙申”生肖贺岁

正面图案：行名、汉字和拼音字母面值、年号
背面图案：抬手远眺的猴子、花灯、梅花、“丙申”纪年
侧面图案：斜全齿间隔半齿
面　　值：10元
材　　质：双色铜合金
直　　径：27mm
边　　厚：2.09mm
重　　量：9.16g
制　　造：上海、沈阳造币厂
发 行 量：5亿枚
发行时间：2016.1.16

猴腿上有一处暗记防伪，就是隐藏的花体字母“RMB”。

2017鸡年“丁酉”生肖贺岁

正面图案：行名、汉字和拼音字母
面值、年号、衬以团花图案
背面图案：公鸡、宫灯、牡丹、“丁酉”纪年
侧面图案：斜全齿间隔半齿
面　　值：10元
材　　质：双色铜合金
直　　径：27mm
边　　厚：2.09mm
重　　量：9.16g
制　　造：沈阳、上海造币厂
发 行 量：5亿枚
发行时间：2016.11.12

鸡腿上有一处暗记防伪，就是隐藏的花体字母“RMB”。

2018狗年“戊戌”生肖贺岁

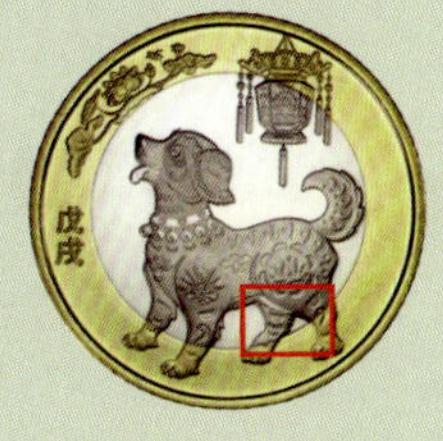

正面图案：行名、汉字和拼音字母面值、年号、衬以团花图案
背面图案：狗、花灯、荷花、“戊戌”纪年
侧面图案：斜全齿间隔半齿
面　　值：10元
材　　质：双色铜合金
直　　径：27mm
边　　厚：2.09mm
重　　量：9.16g
制　　造：上海、沈阳造币厂
发 行 量：5亿枚
发行时间：2017.12.15

狗腿上有一处暗记防伪，就是隐藏的花体字母“RMB”。

2019猪年“己亥”生肖贺岁

正面图案：行名、汉字和拼音字母面值、年号、衬以团花图案
背面图案：猪、宫灯、石榴、“己亥”纪年
侧面图案：斜全齿间隔半齿
面　　值：10元
材　　质：双色铜合金
直　　径：27mm
边　　厚：2.09mm
重　　量：9.16g
制　　造：沈阳、上海造币厂
发 行 量：2.5亿枚
发行时间：2018.12.5

猪腿上有一处暗记防伪，就是隐藏的花体字母“RMB”。

第二轮生肖币的隐形文字随着观察角度的变化，汉语拼音“RMB”与面额数字“10”相互转换。

第二轮生肖币在面额10元的阿拉伯数字“1”下边的一横中空处有“RMB 10 YUAN”的微缩文字。

参考文献

［1］中国人民银行货币发行司．中华人民共和国货币图录［M］．北京：中国大百科全书出版社，1993.

［2］沈阳造币厂志［M］．北京：中国金融出版社，1993.

［3］上海造币厂志［M］．北京：中国金融出版社，1993.

［4］王生龙．沈阳造币厂图志（1896—1996）［M］．北京：中国金融出版社，1996.

［5］张新知．中华人民共和国流通币研究［M］．北京：中国财政经济出版社，1999.

［6］柳忠良．中国流通硬币（修订版）［M］．北京：北京出版社，2000.

［7］王生龙．沈阳造币厂图志（建厂105周年）［M］．沈阳：沈阳出版社，2001.

［8］马德伦．中国名片：人民币［M］．北京：中国金融出版社，2010.

［9］孙克勤．中国现代流通硬币标准目录（第二版）［M］．上海：上海科学技术出版社，2015.

［10］王美忠．硬币收藏十讲［M］．长沙：湖南美术出版社，2017.

后 记

由于制造业的发展，以及全息扫描和镜面电火花工艺的普及，造假者能够轻易掌握和运用这些技术，假币生产成本大大降低，现在几乎所有在收藏市场已经升值的机制币都出现了假货。这些假货肉眼很难分辨，很多钱币收藏爱好者受骗上当，甚至一些钱币鉴定公司、拍卖公司也被“打眼”，因此一些银行柜员拒收普通纪念币和早期的硬币，有的钱币收藏爱好者甚至放弃了机制币的收藏。

怎样才能有效地制止假币呢？首先是造币厂不断提高防伪技术水平，新发行的硬币很多都采用了暗记、微缩文字、隐形文字、点阵、全斜齿间半齿工艺等手段，增加生产的难度。目前这些工艺手段做伪者虽然也能仿冒，但是细看还是有很大差距的。其次是在加大打击制售假币力度的同时，普及钱币辨伪常识，提高大众和收藏者的识别能力。所谓“辨伪”就是对比，对比就需要寻找专业可靠的样本，而普通银行柜员和收藏爱好者，往往因为缺少可供对比资料而难辨真伪。真、假币就像一对双胞胎，看上去区别不大，只有十分熟悉它们的人或者是知道它们特征、能够近距离观察的人才能够辨别。《中国当代流通硬币图鉴》就是介绍中国钱币微观特征并且能够让你仔细观察的工具书。书中照片采用了表面无反光高清摄影技术拍摄，纹理丰富、清晰度高，真实地再现钱币表面特征。在版面设计上打破了传统钱币图书拘泥于和实物大小相同的习惯，将主画面放大到实物钱币的4倍左右，让只有在放大镜下才能看到的细节和表面特征一览无余地展现在读者面前，这些微观世界的细部特征是造假者无法逾越的鸿沟，它就像一面镜子能让假币在它面前原形毕露。

建立在眼学基础上的传统辨伪，只需要专家依靠个人的经验判断真伪，而在现代法制社会里，还要用看得见摸得着的证据来说明问题。目前可供比照的实物标准器数据化的工作就显得尤为必要。有鉴于此，在安徽省文物局的指导和支持下，中国科技大学、安徽省文物鉴定站、合肥市文物管理处和安徽徽博文物修复研究所有限公司四家单位联合成立了“文物数据库项目科研组”，利用各自的优势开展文物鉴定数据库建设，对文物标准器的各项数据进行采集和梳理，《中国当代流通硬币图鉴》就是该项目科研组的首项成果。